結婚5年目の心理学

マルコ社

はじめに

「付き合っていた頃は、くだらない僕の親父ギャグにも優しく微笑んでくれていたのに……。妻になったいまでは〝あなたの家事のやり方はおかしい！〟とか〝小遣いで高価なものを買うときは事前に言ってよ！〟とか、理不尽に怒ってばかり。どうしてこんなふうに変わってしまったんだろう……」

「夫は第一子が生まれたというのに、親になった自覚に乏しくて、子どもっぽさが抜けないんです。休日も家事や育児に協力することなく、スマホゲームに夢中になっています。我が子を抱いたら、親としてのスイッチが入って、少しは家のことを手伝ってくれるんじゃないかって期待していたのですが……」

結婚をして、一つ屋根の下での暮らしがはじまると、いままでは気がつかなかった生活習慣の違いや、考え方の差異に驚かされることがあります。笑い話になるような些細なすれ違いもあれば、強いストレスに感じるような大きな溝まで、内容はさまざまでしょう。思い描いていたような甘い新婚生活じゃない！と〝結婚の理想と現実〟に戸惑う人も多いのではないでしょうか？

夫婦になることで、家事の分担や家計のやりくり、子どもへのしつけや教育方針など決めておくべきことがたくさん出てきます。「家事は気がついたほうがやる」「夫婦で共有のお財布を作って、お金はそこから出す。足りなくなったら、その都度、補充してやりくりすればいい」といった緩やかなルールにとどめて暮らしても構いませんが、結婚生活を円満に進めていくためにはあまり得策ではないでしょう。知らぬ間に相手の好意に甘えて、どちらか一方に負担を押し付けることにもなりかねないからです。

「どうしていつも自分だけが、家族のために時間を使っているんだろう……」と、不満を募らせる原因にもなります。恋人時代や同棲期間中だったら我慢できるようなことでも、長く続く結婚生活では耐えがたいストレスになるかもしれません。恋愛中と同じような関係性・心構えでは、結婚は長続きしないのです。

同棲を経験して、相手のことは深く知っていると自負する夫婦であっても例外ではありません。いつでも関係を解消できる恋人同士と、契りを交わした夫婦では関係性が異なりますし、子どもが生まれたり、マイホームを購入したり、大きなライフイベントが発生するたびに、相手に求める態度や期待も変化していきます。状況が変わることで、以前は気にならなかった態度や言動が気に障るようになることだってあります。深刻な夫婦喧嘩に発展しなかったとしても、日々の不満はちりが積もるように溜まっていくことになります。

もちろん、すべての男女が結婚によって関係を悪化させるわけではありません。生活をともにすることで相手の内面を深く知るようになり、惚れ直したり、家族としての絆が強まることだってあります。長い夫婦生活で愛情に浮き沈みがあったとしても、それはむしろ自然なことです。お互いの変化を受け入れながら、いつまでも尊重し合える夫婦が幸せな家庭を築いていくのかもしれません。

一方、日本では毎年20万件あまりの離婚が報告されています。離婚に至る理由や事情はさまざまだと思いますが、永遠の愛を誓い、結婚した二人がどうして別々の人生を歩む決断を下すことになったのでしょうか？　一度は一生添い遂げる覚悟を決め、結婚した相手ですから、生活をともにするようになって表面化した考え方のズレや家事・育児に対する認識の違いが亀裂を生む原因になったと考えられそうです。

では、なぜ結婚すると、夫婦の関係に変化が訪れるのでしょうか？　そこにはどんな理由があるのでしょうか？　離婚時に相手のことを憎んでいる人さえいます。愛から憎しみへと180度、評価が変わるきっかけは何だったのか？　すでに結婚している人も、これから結婚を考えている人も、円満な夫婦生活を送るために知っておきたいはずです。

そこで本書では心理学や精神分析の専門家に取材を行い、結婚によって夫婦間に生じる心理的な変化や関係性が変わってしまう要因を明らかにしています。また、どうすれば、そのようなすれ違いを回避できるのか、対策や処方箋を尋ねることにしました。既婚者を対象にしたアンケートを実施することで、多くの夫婦が直面する、リアルでトラブルに発展しがちなテーマを選んでいます。

「お小遣い制にすることで生じる、お金の使い道に対する夫婦のズレ」「体調不良のとき、義母に家事や育児のヘルプをお願いするか、どうか」「家事の分担と、夫婦で異なる家事のやり方について」「子どもがほしいけれど、長らくセックスレスの夫婦」「夫、あるいは妻が浮気をした」「ママと言わずに、ちゃんと名前で呼んでほしい」「妻の厳しすぎるしつけと、夫の甘すぎる育児」といった話題です。

どうして妻は夫の家事のやり方に不満を持つのか？　なぜセックスレスになってしまうのか？　互いの認識の違いが生まれるメカニズムや心理状態を知ることができれば、不満を抱えたまま夫婦生活を送ることは減るのではないでしょうか？

互いの主張や不満をぶつけ合っても、何も解決しないどころか、関係や問題が悪化させるだけです。夫や妻があんな態度を取るときの心理状態はどんなものだったのか、溝が生まれる原因はここにあったのかと、客観的に知ることができれば、随分と気持ちが楽になると思います。なるほど、あのときはこんな不満を抱いたのかと、言葉や態度に潜む心情を解き明かしていきます。加えて夫婦の心理を知り尽くした専門家たちによる助言は、結婚生活を円満に進めていくためのヒントになるはずです。

さらに、本書では結婚生活における最初の5年間に着目しています。なぜなら、この5年という期間が結婚における最初のターニングポイントになると考えられているからです。アメリカの人類学者ヘレン・フィッシャーは1992年に発表した自著『愛はなぜ終わるのか――結婚、不倫、離婚の自然史』の中で、統計的に結婚後4年で離婚する傾向が高いというデータを紹介しています。「生物としての人間の特性」と「脳科学のデータからドーパミンの効果は3年で切れる」といったデータを根拠に「結婚して4年目で、それぞれが自分の未来を考えはじめる」と結論づけています。

また、離婚した夫婦の平均同居期間は「5年未満」が最も多いという国内の統計データもあります。厚生労働省が発表している『人口動態統計年報』には「同居期間別にみた離婚件数・平均同居期間の年次推移」という項目があり、2009年の数値では同居5年未満の離婚件数が8万4682件、同居5～10年が5万3652件、同居10～15年が3万4180件、同居15～20年が2万4983件、そして20年以上の同居で4万96件と、結婚後の同居生活が5年未満の夫婦の離婚率が、最も高いことがわかります。「魔の結婚5年目」という言葉もあるように新婚夫婦にとって、関係を築いていく最初の5年間が非常に大切だということになります。

5年という期間を目安に、結婚することで関係性がどう変化するのか？　どんなトラブルが起こりやすいのか？　また、その負の感情は、どうして芽生えるのか？　恋人時代とは違った夫婦の距離感、関係性を構築していくための一助に、本書がなれば幸いです。

結婚5年目の心理学 目次

妻 なんでそんな高価なものを勝手に買うの！

夫 小遣いで好きなものを買って何が悪いんだ！

結婚後に〝家計〟という意識が芽生え、お金に対する意識が変化／家計は「妻が管理する」が最も多い／若い世代の夫婦では「共同管理」や「支出分担のみ」を選択する傾向に／結婚後もそれぞれが自分で支出を管理して、独立した〝財布〟を持つ「家計の個計化」が進む／お金を渡すという行為は〝権力の誇示〟につながる／お小遣いをあげる側はお金で力を誇示し、もらう側は機嫌を損ねないように従う／一方的に金額を決められると、不満を感じやすくなる／男性はルールを重んじたい生き物／女性は感情も重視する／毎月家計の管理者を入れ替えて〝役割の固定化〟を避ける／報連相を徹底して、誤解やトラブルを避ける

02 嫁姑問題をめぐる夫婦のズレ

35

夫 具合悪いんだし、お義母さんに家事と育児を手伝ってもらおうよ

妻 散らかってるし、絶対にイヤ！呼ばないで！

義母は夫にとっては血縁者だが、妻からみれば〝他人〟／多くの女性とって家は核心のテリトリーで、そこを勝手に侵されるほど嫌なことはない／義母は自分だけは何をしても許されるという治外法権的な態度を取りがち／家事の出来不出来によって、嫁としてのあり方をジャッジするような価値観が義母側に存在する／〝息子を奪っていった嫁〟という対抗意識があり、ライバル関係になるのが嫁と姑／男性は結婚しても変化が起きないため、振り回されている妻に無頓着／日本の男性はマザーコンプレックスであり続ける／身内のトラブルでは血縁関係のあるほうが矢面に立つ／義母にやってほしくないことをリスト化

---

03 家事をめぐる夫婦のズレ

59

夫 何が不満なの？家事を手伝っているじゃない！

妻 私が家事しているところをちゃんと見ているの？

およそ半数の妻が夫の家事・育児に不満を抱いている／男性たちは家事への意識が希薄で、家事をこなすスキルも十分に伸ばしてこなかった／性役割を引きずったまま結婚すると、〝家事は女性〟〝支払いは男性〟と役割が家庭内で固定化する／約6割の妻が「夫に家事を任せることで、かえって自分の手間が増える」と考えている／家事や片付けは、ここまでできたらOKという合格ラインが人によって違う／自分のやり方を教えていけば、同じやり方で家事を分担できるようになる／自分ができるから夫もできるはずだとは必ずしも言えない／いつもと違う行動を起こし、夫婦中に波風を立てることで、固定化を防ぐきっかけを作る

04 セックスレスをめぐる夫婦のズレ —— 81

妻 そんな気分じゃないの。子どもが起きたらどうするの!

夫 子どもは欲しいけど、子作りって言われると萎える

40代、50代男性の6割がセックスレス／約50%の人が交際をはじめてから3～5年で「セックスがつまらない」と感じるようになる／家族・肉親のような関係が強まれば、性欲の対象からは外れていく／妻を愛らしいマスコットのような存在として捉え、セックスすることで汚したくないという男性も／どのように改善したいのかゴールを設定し、そこに近づけていく／夫婦間の満足度は、『性的な行為の回数－口論の回数』に比例する／必ず『今日はどうだった?』と一日の出来事や気分を尋ねることからはじめてみる

---

05 浮気をめぐる夫婦のズレ —— 97

妻 昔の同僚と少し飲みに行っただけじゃない!

夫 だって男でしょう! 親しげだったし、怪しい……。

生物学的に見れば、男性も女性も子孫を残そうとする本能がある／女性の場合、多くの男性と付き合ったとしても、産める子どもの数は限られている／現代の女性が結婚相手の条件として〝経済力〟を求めるのは、お金が自分たちを守ってくれる力になると本能的に理解しているから／〝愛していると、言葉にして言ってほしい〟という要求は承認欲求から／女性は会話をしながら、情報を集めるコミュニケーションをする／言葉だけではなく、表情や仕草から、常に情報を収集している／日頃から女性を褒め、承認欲求を満たすこと／あいづちを打つことは、話を聞いている合図になり、相手を承認することにもなる

06 呼び名をめぐる夫婦のズレ ——117

妻 私のこと〝ママ〟って呼ぶけど、あなたのママじゃないから!

夫 ママではあるんだし、別にいいじゃない!

コミュニティの中では個人は希薄な存在で役割関係が重視されてきた／役割で呼ぶよりも、「名前やニックネーム」で呼ぶほうが満足度は高い／女性は名前で呼ばれると「愛情ホルモン」が増加する／旧姓だった頃の人生から切り離され、人生が一度リセットされたような気持ちになる／名前で呼ばれる機会が減っていき、〝自分〟という存在がなくなっていくような感情を抱く女性も／ママと呼ばれることに嫌悪感を覚える女性は〝頼られることが不安〟で〝相手の世話係のように感じる〟／女性には男性に、女性扱いをしてほしい、という思いが強くある／ただ怒るのではなく、こうしてほしいというリクエストもあわせて伝えるといい／主語を私にして、相手のことを強く否定する言葉を使わない

---

07 育児をめぐる夫婦のズレ ——137

妻 なんでそんなに甘やかすの? 私だけ悪者じゃない!

夫 甘やかしてないよ。そっちがしつけに厳しすぎるんじゃないの?

子どもたちも母親のほうがしつけに厳しいと感じている／親を見本にして同じようにふるまいながら成長する「モデリング」と呼ばれる行動／子どもと自分は別の人格だとは頭では理解しているつもりでも、つい自分と重ねてしまう／自分が親から受けてきた教育方針が唯一の手がかりとし、それを拠り所にしがち／一番やってはいけないのは、「そんな言い方で叱ったらダメだよ!」と男性が女性を注意すること／男性は、その思いを汲み取ろうとせず、上から目線で注意しようとしがち／悩みを聞いてあがるだけで、気持ちが楽になる可能性もある／たくさんの大人と関わる機会を持つことで、子どもたちが勝手に学んでいく環境を作る

漫画登場人物

授かり婚で結婚したオシドリ家。結婚3年目。大学で出会い、すぐに意気投合。半年間の同棲を経て、結婚した。最近、喧嘩やすれ違いが増え、徐々にストレスがお互いに溜まっている。

オシドリ 太郎
（太郎ちゃん）
33歳／
家電メーカー勤務の
営業マン

オシドリ 市子
（いっちゃん）
32歳／
保険会社勤務

オシドリ ひなこ
（ひなちゃん）
2歳／
保育園に通っている

アンケート調査概要

結婚5年目〜 10年目のお子様がいらっしゃる男女112名に、本書を読んで役に立った、効果があったかについてのアンケート調査を実施。「91％の夫婦が効果を実感した」との結果を得ました。

調査方法：WEBアンケート調査
有効サンプル数：112名

01 家計をめぐる夫婦のズレ

なんでそんな高価なものを勝手に買うの！

小遣いで好きなものを買って何が悪いんだ！

共働きで互いに収入があったとしても、結婚して共同生活がはじまると、“家計”という意識が芽生えていきます。支出あるいは貯蓄に対する考え方をすり合わせておかないと、思わぬトラブルに発展することになります。

我が家は
夫婦共働きだ
家計は奥さんが管理していて
僕はお小遣い制
今月分ね
でもその額が――
う〜ん…
ちょっと少ない…
子どもが生まれて何かとお金がかかるのもわかるけど
共働きなんだし
もう少し上げてほしいなぁ…
あ!
この腕時計昔から憧れてたやつ!
うわ!すごい安くなってる!

うー…
ほしい…
…でも…
………
ハト時計店
よし!
決めた!
太郎～
みんなと飲みに行こうって言ってるんだけどさ
あーごめん今日は…
なんだよー最近付き合いわりーなー
Family Bird
酒・たばこ
幕の内弁当 ¥590
のり弁当 ¥348
ピカーン

やったー！
ついにゲット！
あぁ～やっぱカッコいい
ガマンしたかいがあったな～
…んー
やっぱり少し―
切り詰めないとなぁ…
太郎ちゃんお小遣い減らすって言ったら
怒るかなぁ
ただいまー
ガチャ
あ おかえり
ひなこ寝たんだ
どうしたの？その腕時計
あ
気づいた？
ついに買っちゃったんだ～

あ
もちろん小遣いでだよ
でも高いんじゃないの?
なんでそんな高価なものを勝手に買うのよ
一言いってくれてもいいじゃない
え!?
自分のお小遣いで買ったんだし
何買ってもいいじゃん!
ひなこの保育園代とか何かとお金がかかるんだし
勝手に買わないでよ
まったくもう
………
な…なんだよ～
なんでお小遣いの使い方まで指示されないといけないんだよ～

家計に余裕がないのに、どうして高価なものを買っちゃうの？信じられない！
お小遣いで何を買っても構わないじゃん！
ひとこと言ってくれてもいいじゃない！
自分だっていちいち報告しないでしょ！

01 家計をめぐる夫婦のズレ

妻 なんでそんな高価なものを勝手に買うの！

夫 小遣いで好きなものを買って何が悪いんだ！

付き合っていると、デート代など、二人でお金を支払う機会があります。何でも割り勘にしているカップルもいれば、どちらか一方が多めに、あるいは全額を負担しているというケースもあるでしょう。もちろん結婚してからもこうした機会はありますが、恋人時代とまったく同じ支払い方をしていたとしても、結婚する前と後ではお金に対する意識が異なります。

結婚前はそれぞれが財布を持ち、相手のお金の使い道について干渉することはほとんどないというのが一般的です。給料は自分で管理し、好きなように使うといった関係性の男女が大半ではないでしょうか？　もちろん相手が目に余る浪費ぐせを持っていたり、派手にギャンブルに使っているなど、とがめたくなるようなお金の使い方をしていれば、意見することもあるかもしれませんが、基本的にお金をどう使うかは自由です。

ただし、**結婚して共同生活がはじまると、〝家計〟という意識が芽生え、お金に対する意識が変化していきます。**結婚を機に女性が専業主婦になり、夫の収入だけで生活している夫婦でも、それは二人のお金・資産。それを家賃や食費、その他の生活費など、どのようにやりくりして、そして貯金していくかなど、お金の使い道を一緒に決めていくことになります。〝妻が財布の紐を握っている〟という表現があり、一方が完全に家計を管理する家庭だったとしても、車や家など高額の買い物をするときには、相談するのではないでしょうか？　また、共働きの夫婦の場合には、お互いに収入があるため、共同で管理するのか、それとも各自で管理し、共通の出費にはルールを設けるなど、夫婦のお金に対する考え方をすり合わせたり、話し合ったりしていくことになります。何も考えずに生活する夫婦や、多額の収入があり細かく把握せずとも、やりくりができてしまうような家庭も中にはあるかもしれませんが、それはごく少数でしょう。

また、夫婦二人だけの生活であれば、収支を細かく管理しなくても、何不自由なく暮らしていくことはできるかもしれませんが、子どもが生まれると、保険や教育費、貯蓄など、夫婦で話し合い、方針を決める必要のあるテーマが数多く出てくるようになります。そのため、それぞれで収支を管理していた家庭であっても、自然と個人のお金という意識から、家族の共通財産という感覚へと変化していくことになります。

お互いに独立した〝財布〟を持つ「家計の個計化」が進んでいる

ちなみに収支を管理する方法は、いくつかのパターンに分類することができます。たとえば家計の実態を示す、こんなレポートがあります。ニッセイ基礎研究所が2019年6月に発表したデータですが、共働き世帯の家計管理方法を細かく分析しています。それによると**最も多い家計管理の仕方は「妻が管理する」**で、過半数となる53・8%を占めていました。次いで多かった回答が「共同管理」で14・2%、以下「一部共同管理」が11・2％、「支出分担のみ」が10・7％という結果でした。

同調査では、さらに回答を年代別に分析しています。いずれの年代でも「妻が管理」という回答が最も多かったのですが、年齢が高くなればなるほどその割合が多くなることがわかっています。「仕事をし、お金を稼ぐのは夫、家庭を守るのは妻」という価値観が、年齢の高い世帯では根強く残っているわけです。一方で、若い世代の夫婦では「共同管理」や「支出分担のみ」を選択する傾向が見られました。

また、子どもの有無別で回答を見た場合には、子どもがいる、いないのどちらのケースでも家計は「妻が管理」しているという家庭が多かったのですが、子どもがいない家庭では「妻が管理」している割合が36・5％にとどまるのに対して、子どもがいる家庭では60％に割合が跳ね上がります。学用品の買い物など、子どもにまつわる支払いは妻が担当しているケースが多く、そのまま家計全般の管理も担当しているということなのかもしれません。

ちなみに、子どものいない家庭では約2割が「共同管理」を選択し、「支出分担のみ」も含め、夫婦のどちらにも偏らない収入の管理法を採用している家庭が過半数を占めていることになります。子育てに関する出費がない分、家計に余裕があり、それぞれが自由に使えるお金を確保しているからだと思われます。こうした結婚後もそれぞれが自分で支出を管理して、独立した〝財布〟を持つことを、「家計の個計化」と呼んでいます。

さらに妻の年収別のデータもあり、高年収になるほど「妻が管理」している家庭が減っていき、「共同管理」など、夫婦どちらかに偏らない管理方法が増える傾向にあります。家計にゆとりがあるため、個人的な出費は自分で負担するようになり、より家計の個計化が進んでいくことになります。

〝お金＝パワー〟。お小遣いを渡すことで、権力を誇示する

こうした家計管理の仕方は、単なるお金の受け渡しにとどまらず、夫婦の関係性にも影響を与えると考えられています。たとえば、妻がお金を一元管理し、夫にはお小遣い

という形で毎月、手渡ししているような家庭の場合には、夫婦のパワーバランスにネガティブな影響があると東北大学の神谷哲司准教授は指摘します。

「お金を渡すという行為は〝権力の誇示〟につながります。お小遣いを与える側が力を持ち、受け取る側は立場が弱くなりがちです。なぜならお金というのは、商品を購入したり、サービスの対価として支払うもので、さまざまな〝可能性〟に変わる力があるからです。お金を多く持っていれば、それだけたくさんの可能性に変化することになります。お小遣いの額を話し合いで決めている夫婦も多いのですが、出費を抑えて家計をしっかり管理できるところをアピールしたいのでしょう。お金を与える側は、その月を乗り切れるギリギリの額を提示する傾向にあります。

だから、思いがけず、限られたお小遣いで夫が高額な商品を購入してくると驚くわけです。〝え、そんなはずはない。やりくりできるギリギリの金額しか渡していないはずなのに……〟という複雑な感情が湧き起こることになります。ひょっとしたら自分の計算が間違っていて、お小遣いが余る額なのかもしれないと、〝もうちょっと減らしてもいいわよね〟と、夫のお小遣いを切り詰める提案をしてくる可能性もあります」（神谷氏）

神谷氏の言葉からもわかるように、お金を渡す行為は、それまでは平等だった家庭内に上下関係を生み出すわけです。お小遣いという何気ないやりとりをしていただけなのに、関係性に変化が生じるきっかけになり、そこから感情のもつれや、トラブルが起きることにもなります。

「最初は対等で仲のいい夫婦だったのかもしれませんが、〝小遣いを与える〟という行為がはじまることで、関係性に変化が生じてしまいます。しかも、それが毎月続くことで、パワーバランスは固定化していきます。与えている側はお金という力を誇示し、もらう側は額を減らされたくないので、機嫌を損ねないように従おうとする気持ちが芽生えていくことにもなります」と、神谷氏は家庭のお小遣い制度が夫婦にもたらす影響を解説します。

限られたお金でやりくりをする専業主婦が最も生活満足度が低い

お小遣い制といっても、給料の全額を妻に渡して、その中から、お小遣いとして支給される家庭もあれば、夫が〝これでやりくりして！〟と、妻に一定の金額を渡して、残りをすべて自分のお小遣いにするような夫主導の管理をしている家庭もあります。こうしたケースでは、男性が権力を誇示する側になりますが、女性側の心理を見ていきましょう。夫がお小遣いをもらう場合とは違い、妻は手元のお金で生活全般をやりくりしなければいけません。

もし、妻が受け取るお金が多ければ当然、余裕を持って生活することができますが、もし額が少なければ限られた金額の中で、切り詰めた生活を余儀なくされます。そのため、さまざまな収支管理の方法がある中で、専業主婦が夫から毎月、決められた額のお金をもらい、やりくりしているケースが最も生活満足度が低いといった調査結果が出ています。

「共働きなら、それぞれが収入を持っているため、自分でお金の使い方を決めることができる権利が担保されるので、生活費に対する不満が低減されます。**お金をどう使うのかの決定権は、自分がどう生きていくのかという自己裁量の問題**でもあります。金額が大きくなればなるほど、決定の幅も広がり、落ち着いて生活できるようになります。お金というのは、いろいろな可能性に変わる力だと説明しましたが、それを制限されれば、ストレスが溜まり、関係性を悪化させる原因になります。どうやって、この金額の中でやりくりしろっていうの？と、**納得できない感覚を募らせていく可能性が高い**と言えるでしょう」と神谷氏は解説します。

収入の全体像がわかっていれば、それでもしょうがないと割り切ることができますが、**一方的に金額を決められると、不満を感じやすくなります**。また、ゆうメンタルクリニックの院長で精神科医のゆうきゆう先生は、家庭内のルールに対する男女の意識の違いについて、こんな指摘をします。

男性はルールを重んじて女性は感情を優先しがち

「**男性はルールを重んじたい生き物**です。したがって〝お小遣いというのは自分の裁量で使い道を決めていいもの。だから買いたいものに使うのだ〟といった意識があり、そのルールに則ってお金を使ったのだと考えられます。もし、〝高額の商品をお小遣いで買うときは事前に相談しましょう〟といったルールを設けていたとしたら、違う結果になっていたかもしれません。そのような取り決めを事前にしていなかったので、男性は自分の判断で欲しかった高額の腕時計を買ったわけです。

一方で、**女性はルールに加えて、感情も重視**します。そのため、高額の腕時計を買う前に、〝なんで家計のことで悩んでいる私の気持ちを、慮ってくれなかったの？〟と、家族への思いをないがしろにされたと感じ、反発しているのだと考えられます」（ゆうき氏）

お小遣いで腕時計を買ったという事実よりも、家計に悩んでいる私のことを気にかけてくれなかったと、傷ついているわけです。「二人で決めたルールのことしか頭になく、妻の感情を理解しようとしない男性」、そして「ルールよりも、私の気持ちを大切にしてくれないの？と感情論で憤っている女性」という、両者の認識の違いが根本的な要因だと考えられます。

お小遣いで好きなものを買っただけなのに、どうして批判されないといけないのか？

苦しい家計に悩んでいる姿になぜ気づいてくれないの？ お互いの不満をぶつけるだけではなく、その背景にある考え方や怒る動機に少しでも思いを馳せることができれば、じゃあ、次はこうしよう、こんな接し方をしてみようと、関係を悪化させずにトラブルを乗り切る方法が見えてくるはずです。

また、お小遣い制で収支管理を行っている家庭で、夫はワンコインランチでお小遣いを切り詰めているのに、お小遣いを渡す側の妻はママ友と豪華なランチを食べている、そんな光景をテレビなどで見たことはないでしょうか？ お小遣いを渡すときには渋るのに、自身の出費には甘い。これはどんな心境なのか、神谷氏に聞きました。

「夫婦共通の財布のはずなのに、そこからお小遣いを渡すときにはなぜか渋り、夫に入金を催促するときには〝早く給料を入れておいてよ！〟と強気になる。やはり頭の中では共有の財産だということを理解していても、**目の前の財布や口座からリアルにお金を出すという行為に、人は〝損失〟を感じる**のかもしれません。身銭を削るという言葉がありますが、まさに削られる感覚があると言えそうです」（神谷氏）

お小遣いの額を制限するのは相手を支配し、不安を解消するため

また、ゆうき氏は女性が結婚生活で感じている無意識の不安が、そうさせるのではないかと指摘します。

「現代では多くの女性が仕事を持ち、働きに出ていますが、もともとは子どもを生み育てる性でした。男性が主に稼ぎ手として外に出ていましたが、それは家の外で別の女性と出会う可能性もはらんでいます。男性が新たな女性と出会うことで、家を離れてしまうかもしれません。そうなれば、女性は子どもを抱えたまま孤立し、困窮してしまう可能性があります。したがって、女性は本能的に男性がどこかへ行ってしまうことを恐れていると考えられます。だからお小遣い制などによって、家計を管理し、なおかつ夫が外で遊びづらくなるようにコントロールしている可能性があるのではないでしょうか？自分の元から離れていってしまうリスクを減らすことで、孤立する不安を解消させたいという思いが潜んでいるように思います。自分の自由と、相手への制限という〝二重の

支配〟をしたいという気持ちなのかもしれません」（ゆうき氏）

ちなみに、恋人や愛する人と、おそろいのものを購入したがる人がいます。これは同じものを持つことで「相手との一体感を手にしたい」という心理から来る行動です。また、おそろいを第三者に見せつけることで、**自分の縄張りを他人に主張する「マーキング」の意味合い**があります。

お小遣いの使い方で揉めたくない……金銭感覚のズレを解消するコツとは？

では、お小遣いの使い方で、揉めないようにするためには、どのようにすればよいのでしょうか？　神谷氏は家計を管理する人と、お小遣いをもらう人という家庭内の役割を固定しないのも一つの方法だと言います。

「面倒かもしれませんが、たとえば月単位で、家計を管理する人を交代するのも一つの手です。お金の流れがお互いに理解できるというメリットもありますし、家計がオープンになることで、〝今月はこれくらい余裕があるから、お小遣いはこれくらいね〟と言いやすくなるはずです。そして、毎月管理者を入れ替えることで〝役割の固定化〟を避けることができますし、渡す側と受け取る側といった支配関係も弱めることができます」（神谷氏）

また、ゆうき氏はルールを重んじる男性と、感情を重んじる女性というお互いの感覚の違いを織り込んだルールを作るべきだと提案します。

「たとえば、〝○○円以上のものを買いたいときはお互いに相談する〟というルールを設けてしまえば、男性もそのときは相談しようという意識が働くのではないでしょうか？　また女性は男性がルールの中で動いているという事実を意識して、感情をぶつけないように注意すると、無用な衝突を避けることができるでしょう。男性も〝違い〟を意識して、相手の気持ちを思い出す習慣を持つことが大切です。

日頃から〝そういえば、今月は出費について悩んでいたな〟と妻の気持ちを察知するアンテナを立てましょう。いわゆる〝報連相（ホウレンソウ）〟ではありませんが、

ちょっとした声かけや報告を面倒くさがらずに実践してみるだけで、誤解やトラブルを避けることができるはずです」（ゆうき氏）

たかがお小遣いの使い方と思わずに、お互いの金銭感覚や家庭内のルールを少しずつすり合わせていく必要があるかもしれません。

「必ずしも若い人はお金持ちになりたいわけではありません。ある程度、自分の裁量で動かすことができるお金があれば、それで満足という人も多いでしょう。また、年収が高い男性と結婚した女性も、生活費を全部出してくれているから、それで満足というわけではありません。経済的に依存しているように見えても、自分が稼いだお金があれば、それをエステや化粧品など、自分磨きのために投資しているケースがあります。たとえばいつまでも若々しくあることで、自分の元に引き止めておこうという心理が働いているのかもしれません」と、神谷氏は指摘します。

家計をめぐる夫婦のズレに関する学び

- お小遣いを渡す行為は“権力の誇示”につながる
- お小遣い制が毎月続くことで、夫婦のパワーバランスが固定化する
- 与える側は力を誇示し、もらう側は機嫌を損ねないように従おうとする
- 一方的に家計やお小遣いの額を決められると、不満を感じやすくなる
- 男性はルールを重んじたい生き物
- 女性はルールに加えて、感情を重視する
- お小遣い制にすることで、夫の行動をコントロールしている
- おそろいにしたがるのは、自分の縄張りを他人に主張する「マーキング」
- 家計の管理者を入れ替えることで“役割の固定化”を避け、支配関係も弱めることができる
- 女性は男性がルールの中で動いているという事実を意識して、感情をぶつけないように注意する
- 男性も“違い”を意識して、相手の気持ちを思い出す習慣を持つ
- 声かけや報告を面倒くさがらずに実践してみるだけで、誤解やトラブルを避けることができる

02 嫁姑問題をめぐる夫婦のズレ

具合悪いんだし、お義母さんに家事と育児を手伝ってもらおうよ

散らかってるし、絶対に嫌！呼ばないで！

結婚後にお互いの両親との家族ぐるみの付き合いがはじまると、急に縮まる距離感に戸惑う場合があります。夫、あるいは妻の両親が関係するだけに、ズレや考え方の違いを解消するのもひと苦労です。

あー
よかった〜
熱
下がってた?
うん
この風邪
保育園で
うつったのかな
多分ねー
でもひどく
ならなくて
よかった
じゃ僕らも
寝ようか
うん
おやすみ
パチ
翌朝
ゴシ
ゴシ
ブク
ブク
…そういえば
いっちゃん
起きるの遅いな…
おはよ〜…
フラ

フラ
フラ
わっ
どうしたの!?
ひなこの風邪がうつったみたい…
ええ？
大丈夫？
うわ！
すごい熱！
保育園の仕度俺するから
休んどきなよ
ありがと…
もぐ
もぐ
…う〜ん
お迎えとか家のこととかいろいろ…
どうしようかな…
あ
そうだ！

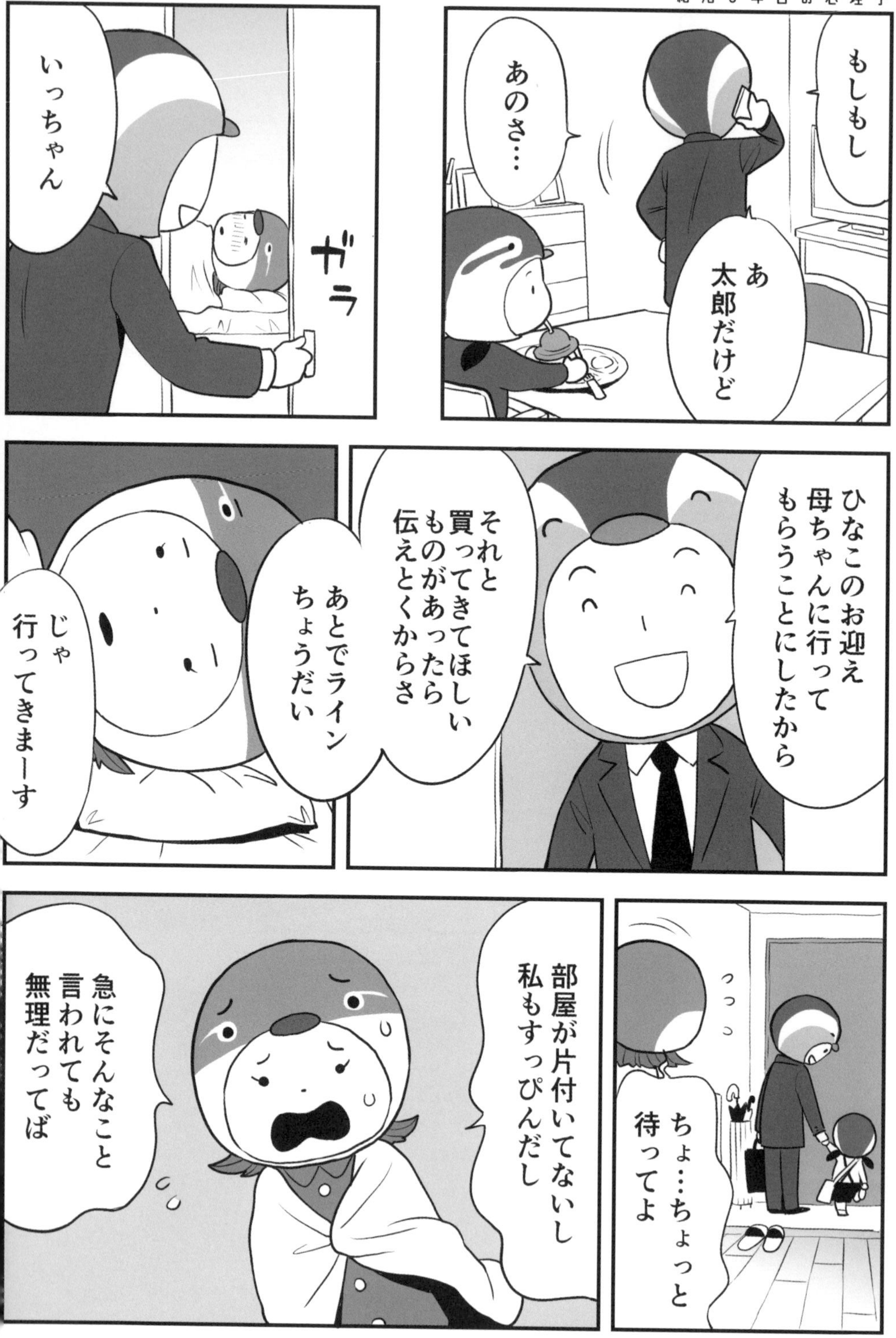

もしもし
あ
太郎だけど
あのさ…
ガラ
いっちゃん
ひなこのお迎え母ちゃんに行ってもらうことにしたから
それと買ってきてほしいものがあったら伝えとくからさ
あとでラインちょうだい
じゃ行ってきまーす
ちょ…ちょっと待ってよ
っっっ
部屋が片付いてないし私もすっぴんだし
急にそんなこと言われても無理だってば

なんでよ
母ちゃんも
気にしないから
大丈夫だって
それに
手伝ってくれるって
いうんだから
こういうときは
甘えたほうがいいよ
俺も急に
早退できないし
それは
そうだけど…
チラッ
ぐちゃ
と…とにかく
いろいろ
準備がいるのよ
なに言ってるの
家族なんだから
いいじゃん！

親しき仲にも礼儀ありなの！
こんなときくらい うちの母親に頼っても いいじゃないか！
お義母さんに 掃除や片付けのできない ダメな嫁って思われたくないの！
そんなこと気にしないよ
私が気になるの！

02 嫁姑問題をめぐる夫婦のズレ

夫 具合悪いんだし、お義母さんに家事と育児を手伝ってもらおうよ

妻 散らかってるし、絶対に嫌！ 呼ばないで！

子どもの風邪が治って、ホッとしたのもつかの間、看病しているうちにうつってしまったのか、今度は自分が体調不良でダウン……。育児をしていると、そんなことが頻繁に起こります。多少の熱だったら、気力でなんとか乗り切れるかもしれませんが、インフルエンザやノロウイルスなら、そうも言っていられないでしょう。外出を控える必要があり、仕事も休まなければいけません。家事や育児は男性に協力してもらいながら、こなすことになります。こんなとき、もし近くに両親が住んでいたら、手伝ってもらえるのに……と考えてしまいますよね。家事代行サービスなどを手配することで乗り切る人もいますが、臨時の出費や急な利用には対応していないところもあり、ハードルの高さを感じて、二の足を踏む人も多いでしょう。

一方で、たまたま義理のお母さんが近隣に住んでおり、手伝ってもらえる可能性があったとしても、それは絶対に嫌だとか、できるだけ避けたいといった女性からの消極的な声を耳にすることがあります。家事や育児に不慣れで頼りない男性だったとしたら、子育て経験もあり、安心して任せられるお義母さんにヘルプを頼んだほうがいいのでは?と、こうした拒否反応を不思議に思う人がいるかもしれません。〝太郎ちゃん〟のように母親を否定されたように感じて、悲しくなったり、憤慨する男性もいるでしょう。

では、どうして、〝いっちゃん〟は、義理のお母さんに助けを求めることを嫌がったのでしょうか? 精神科医の水島広子先生は、申し出を固辞する妻の心境を次のように解説します。

あなたとは結婚したけれど……
夫の家族は、まだ〝他人〟

「義母は夫にとっては血縁者ですが、妻から見れば、家族という意識は希薄で〝他人〟といっても差し支えありません。そのため、〝家族なんだから頼めばいいじゃないか！〟という夫の主張にはまったく同意できないでしょう」（水島氏）

結婚すると親族として迎え入れられますが、日本では名字を変え、〝家〟に入るのは圧倒的に女性のほうが多いです。男性は結婚しても大きな変化がなく、ただ家族がひとり増えたといった程度の感覚かもしれませんが、女性にとっては夫のご両親とはいえ、すぐに〝家族〟の意識が芽生えるわけではありません。交流を重ねながら月日をかけて、少しずつ家族の絆を育んでいく必要があります。

しかし、家事や育児を誰かに手伝ってほしくなるのは、子どもがまだ幼い時期に集中します。そのため結婚して間もないケースや結婚後5年以内の、月日が浅い場合が多く、義母に対して〝他人〟という意識がまだ拭えないわけです。猫の手も借りたい状況だとはいえ、**他人がズカズカと自宅に入ってきて、家事をしている**。そう考えると、妻の抵抗感も少しは理解できるのではないでしょうか？　家事代行サービスやシッターも同様に他人ですが、あくまで金銭を支払ってお願いするサービスです。利用者のプライバシーにまで踏み込んでは来ないでしょう。その点、義母には自分も息子夫婦の家族であるという意識があるため、妻にとっては厄介な存在となりがちです。

女性にとって家は核心のテリトリー そこを侵されるほど嫌なことはない

心理学者の齊藤勇氏も「**多くの女性にとって家は核心のテリトリー。そこを勝手に侵されるほど嫌なことはない**」と、その心理が自宅に義母がやってくることへの抵抗感の核になっていると指摘します。

「女性、とくに主婦にとっては、〝家〟というのは自分のテリトリー（縄張り）の核心です。それにもかかわらず、そこに何の遠慮もなく、ズカズカと入っていけるのが、義母という存在です。もしもママ友に手伝いをお願いしたのなら、同じママとしてテリトリーに入られることへの抵抗感がわかるため、配慮してくれるはずです。どこをどのように手伝えばいいのか、しっかりと意向を聞きながらサポートしてくれると思います。

でも母親というのは、**息子夫婦に対して、自分だけは何をしても許されるはずだというある種の治外法権的な態度を取りがち**です。したがって入ってほしくない、触られたくないところまで、遠慮なく侵入してきます。自分が妻の立場だったときには、こうした姑の干渉を不快に感じていたはずなのに、その立場になった途端、苦い記憶をすっかりと忘れてしまったかのようなふるまう可能性があります。

欧米では家族であっても、各自のプライバシーは最大限に尊重されます。母親といえども、子どもの部屋には気軽に立ち入りません。ですが、多くの日本の母親は違います。子ども部屋に入って、勝手に掃除をする光景をよく見るのではないでしょうか？子どもがそんな母親を煙たがったとしても、**〝綺麗に掃除をしてあげているのに何が悪いの？　むしろいいことをしているのだから感謝してほしいくらい**だわ！〟と開き直るケースが多いように感じます。〝母親にとって、息子はいつまでも自分の子ども〟を表

すエピソードです」（齊藤氏）

そのため体調不良のヘルプとして呼ばれた息子夫婦の家でも、同じように自由にふるまいがちなのだと齊藤氏は分析します。また、水島氏は義母と関係を深める難しさを指摘します。

家事の出来不出来によって嫁を査定しようとする姑

「普段の家事の出来不出来によって、良い嫁なのか、それとも悪い嫁なのか、嫁としてのあり方をジャッジするような価値観が義母の側に存在するのも事実です。そのプレッシャーを感じるから嫁の側も、体調不良で家事が完璧にできていないところを見られたくない、ジャッジされたくないという気持ちが働くのでしょう。だから、自然と義母を遠ざけようとするのだと思います」（水島氏）

家事や育児を手伝ってもらうといっても、やってほしいことと、やらないでほしいことがあります。すべてをやってほしいわけではありません。また、家事のやり方は人それぞれです。こだわりやマイルールが無数に存在します。もし自分の親であれば、ここはこうしてほしいと要望を出すことができますが、相手が義母となるとそうはいきません。気分を害するのではないかと遠慮が働きます。

「自分の親であれば、それはやっておいてほしい、あれはやらないでちょうだい!と直接クレームや要望を伝えることもできますが、義理には遠慮もあり、こういうふうに動いてほしいと指示することすらためらわれるのではないでしょうか? 収納や冷蔵庫の中など見られたくない、触られたくないと感じる場所が家庭の中には多数あります。日頃からきちんと家事をこなしている人であっても、勝手に触られることに抵抗を感じるはずです。

手伝ってくれることへの感謝の気持ちはもちろんありますが、病で伏せている間に制限なく立ち入られるのは困るわけです。これを機に嫁の生活ぶりをチェックしてやろうと考える義母も実際にいるので、問題がさらに複雑になります。〝前々から気になっていたのよ!〟と、ここぞとばかりに指摘してくる義母もいるのではないでしょうか?」

（水島氏）

ちゃんとお世話しているの？ 私のほうが息子のことを知っている

さらに、水島氏は嫁と姑の複雑な関係性についても言及します。

「母親にとって〝息子との絆〟というのは、非常に結びつきが強いものです。産み、そして手塩にかけて育てた自分のほうが息子のことをよく知っているという思いが前提としてあるのでしょう。〝息子を奪っていった嫁〟といった対抗意識があり、ある種のライバル関係になるのが、嫁と姑です。

家事の腕前を見ながら、〝こんな女性が自分の息子のナンバーワンになってしまったのか〟と、査定する気持ちが出てくるわけです。単にヤキモチを焼いているだけの姑もいますが、息子の世話をちゃんとしてほしいという思いから嫁をジャッジしようとする姑もいます。対する妻も夫には〝**結婚したのだから、母親よりも私のことを大事にしてほしい**〟といった思いがあり、嫁と姑の関係は複雑になっていくわけです」（水島氏）

もちろん母と息子の関係だけでなく、こうした複雑な親子の感情は父と娘にも当てはまります。結婚の許可を得ようと彼女の両親を訪ねた彼氏に対して、会おうとせず、不機嫌な態度を取る父親の姿をしばしば目にします。異性の親子、つまり母親にとっての息子、父親にとっての娘は非常に眩しい存在なのかもしれません。また仕事という評価軸もある男性と違い、女性を家事や育児で評価するといった古い価値観が日本には根強く残っているという背景もあります。

「結婚後も仕事を続けるのは、女性にとって当たり前になってきていますが、家事をメインで担当するのは妻という家庭がまだまだ一般的です。妻と夫で完全に分担できている家庭は非常に少ないのではないでしょうか？　**子どもが熱を出し、保育園や幼稚園に迎えに行かなければならないときも、仕事を犠牲にしてカバーするのは大抵、妻**です。職場でも女性が早退するほうが、容認されやすい空気があります。母親だから迎えに行くのはしょうがないと、多くの人が考えるわけです。ですが、同じことを父親が言い出すと、急に〝男のくせに〟となってしまいます。文化的にも、そして社会的にも、女性

が家庭の責任をおおむね引き受けているのが、現状です」(水島氏)

結婚してもとくに変化がない だから男性は嫁姑問題に無頓着

こうした根強い男女の役割の固定化を心理学者の齊藤氏も危惧します。

「親の世代には結婚したら、女性は家庭に入るものだという考えがまだ根強くあります。義理の父親、母親の面倒を見るのが当たり前という考え方です。田舎にいる義父、義母が倒れ、夫が実家に帰省しようとしているときに、〝私は仕事があるので、東京に残ります〟なんて意見は理解されません。たとえ夫がそれを容認していたとしても、義父母は許しません。そんな価値観もかなり変化しているとはいえ、まだまだ女性のほうが結婚で振り回されると言えるでしょう。

男性は結婚しても変化が起きないため、振り回されている妻に無頓着です。だから、この場合も〝家族なんだから手伝いに来てもらえばいいじゃないか?〟と簡単に言えるわけです。もちろん妻が寝込んだときに親が手伝いに来ることは、ありがたい。でも姑は黙ってやってくれるわけじゃない。家政婦じゃないので、いろんなことを言い出します。

夫は仕事に行くので、義母と妻がその間にどんなやりとりをしていたかを知ることはありません。姑に言いたいことを言われ、二度と来てほしくないという思いから、嫁姑が関係を悪化させても何ら不思議ではありません」(齊藤氏)

また、齊藤氏は日本の男性の精神性にも言及します。

「日本の男性はマザコンが多く、母親には頭が上がりません。母親は常にいい〝お母さん〟であり続けるわけです。フロイトは男の子の成長には〝エディプス・コンプレックス〟が関与すると指摘していました。これは精神分析の用語ですが、〝男の子が無意識に母親を慕い、同性である父親を憎む傾向にある〟という考え方です。母親を慕い、近づこうとする。しかし、そこには当然、父親がいます。男の子が強く、男らしく成長していくのは、強い父親に勝つためだというのが精神分析の考えですが、これはあくまで欧米での話です。日本には当てはまりません。

なぜならいまの日本では父親は不在がちで、強さの象徴とは言えないからです。したがって、フロイトが夢見た母親と子の一体化が日本では成立してしまうわけです。男性は、お母さんが大好きなまま大人になっていきます。だから、日本の男性は、エディプス・コンプレックスを通過せず、マザーコンプレックスであり続けるわけです」（齊藤氏）

嫁と姑の間に問題があっても夫は何もしてくれない

妻が〝お義母さんには来てほしくない〟と抵抗したとき、夫が「家族なんだからいいじゃないか！」と自身の母親の行動を問題視しないのは、こんな背景が影響しているのかもしれません。それを裏付けるような、こんな統計もあります。オウチーノ総研が

2015年2月に20~79歳の既婚女性約830名を対象に行った『『結婚生活』に関するアンケート調査』です。

その中で「嫁姑問題がある」と回答した人を対象に、「夫は『嫁姑問題』があることを知っていますか？ また、対処してくれていますか？」と質問しています。すると、「知っていて、対処してくれている／対処してくれた」と回答した人が32・7%、「知っているが、対処してくれていない／対処してくれなかった」と回答した人が65・4%にのぼりました。なお、「知らない／知らなかった」と回答した人は1・9%という結果でした。いかに男性が嫁姑問題の解決に消極的・無関心かを物語っています。

一方で、この調査では男性、とくに若い男性にとって歓迎すべきデータも見られます。それは年代別の回答結果です。「知っていて、対処してくれている／対処してくれた」と回答した人の内訳を見ると、20代が60%、30代が27・6%、40代が29・4%、50代が39・1%、60代以上が17・4%と、20代の男性が圧倒的に「嫁姑問題」の解決に積極的だということがわかります。

義母に家事と育児を手伝ってほしいけど……そんなとき悩みを円満に解消するコツとは？

では、このような事態に直面したとき、具体的にどのような対処法を取ると良いのでしょうか？　精神科医の水島氏は、こうアドバイスします。

「〝ここは勝手にいじらないでほしい！〟や〝部屋が散らかっているのは俺のせいなんだよ〟などと、**あらかじめ夫のほうが義母に釘を刺しておくと自宅に呼びやすくなる**でしょう。とかく男性は〝お袋も悪気があってやっているんじゃないだからさ〟と、母親の肩を持ち、妻の方をなだめようとしてしまいがちです。ですが、**義母に悪気がないことは妻も重々わかっています**。そんな指摘はさておき、もし義母が過剰に介入していると感じたり、**妻がストレスを抱えているように見えたら、すぐに連絡して〝勝手なことはしないでほしい〟と母親をコントロールすることに力を注ぐべき**です。こうした**身内のトラブルでは、血縁関係のあるほうが矢面に立つというのが絶対的なルール**です」（水島氏）

男性は結婚後にこそ妻と家族の関係に気を遣うべき

また、義母を呼ぶ前に、できれば事前に夫婦でシミュレーションをしておくといいと言います。**義母が来たらこんなことをやりそうだ、あるいは、やってほしいこと、やってほしくないことをリストにして**おきます。このとき紙に書いたものを用意するなら、必ず夫が書くべきだと、水島氏は言います。

「**夫の字というのがポイントです。そうしないと妻が無理やり、言わせているという印象を与え**かねません。背後に妻の影が見えてしまうと、義母のライバル心をかえって刺激してしまいます。女性同士の関係の煩わしさを、男性は知らないでしょう。男性はお嬢さんをくださいと、挨拶をしにいくところまでは一生懸命で、両親を気遣ってくれます。でも、その通過点を過ぎると、あとは無関心になりますよね。でも、**女性にとってはそこからのリアルな結婚生活こそ、気を遣ってほしい**ところなんです」（水島氏）

常にアンテナを張って、妻と自分の家族がうまくいっているのか、関係性は良好なのか、観察し、ときには矢面に立ち、仲を取り持つことが大切だというわけです。

嫁姑問題をめぐる夫婦のズレに関する学び

- 夫にとっては血縁者だが、妻から見れば、家族という意識は希薄でもはや“他人”
- 多くの女性にとって家は核心のテリトリー。そこを勝手に侵されるほど嫌なことはない
- 義母は息子夫婦に対して、自分だけは何をしても許されるはずだという治外法権的な態度を取りがち
- 妻も、体調不良で家事が完璧にできていないところを見られたくない
- “息子を奪っていった嫁”といった対抗意識があり、ライバル関係になるのが、嫁と姑
- “結婚したのだから、母親よりも私のことを大事にしてほしい”
- 男性は結婚しても変化が起きないため、振り回されている妻に無頓着
- 日本の男性は、エディプス・コンプレックスを通過せず、マザーコンプレックスであり続ける
- あらかじめ夫から義母に釘を刺しておくと自宅に呼びやすくなる
- 身内のトラブルでは、血縁関係のあるほうが矢面に立つというのが絶対的なルール
- 義母が来たらこんなことをやりそうだ、あるいは、やってほしいこと、やってほしくないことをリストに
- リストは、夫の字というのがポイント。そうしないと妻が無理やり、言わせているという印象を与えかねない

03 家事をめぐる夫婦のズレ

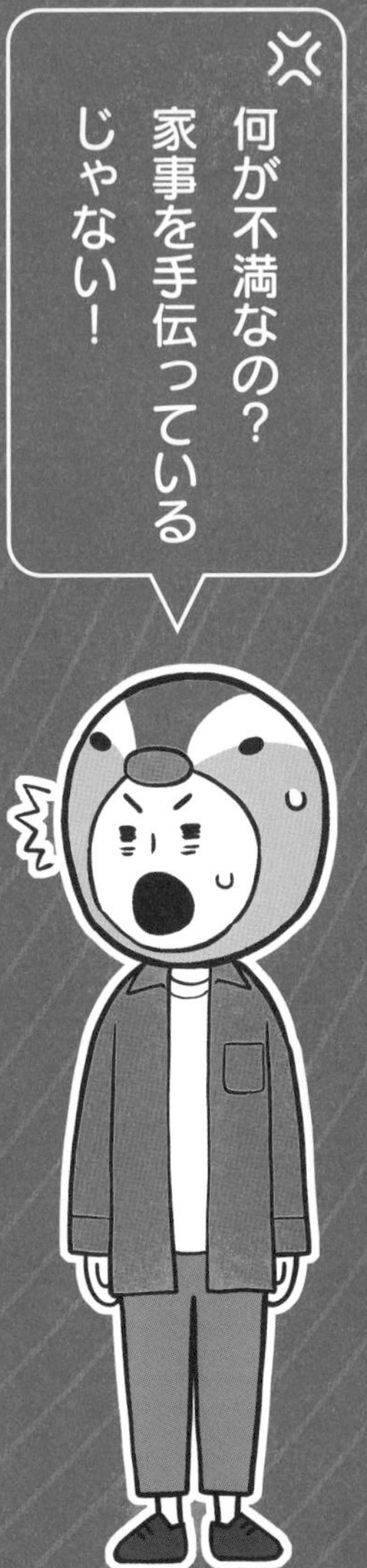
何が不満なの？
家事を手伝っている
じゃない！

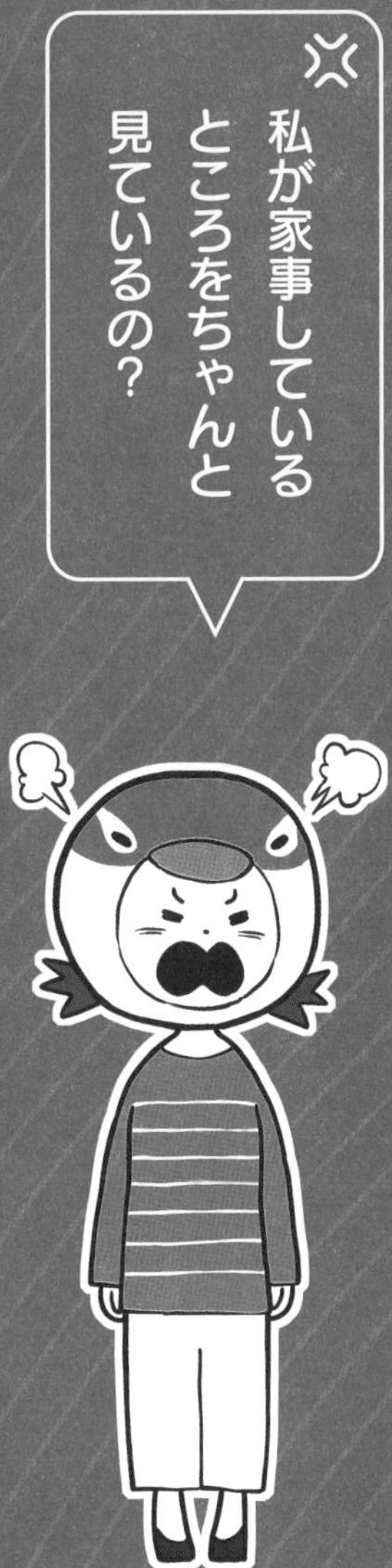
私が家事している
ところをちゃんと
見ているの？

協力し合って、日々の家事をこなせるのが理想ですが、実際にはどちらかがやり方や分担をめぐって不満を抱いているケースが多く見られます。家事への意識のズレ、不満が生まれる理由や解決策を探ります。

ジャ
共働きだから家事は平等にするって
結婚当初は決めたけど
ジャ
気づいたらほとんど私がやってるのよね…
ジャ
やってよって言ったらやってくれるけど
言わなくてもやってほしいなぁ
ジャ
ていうかやってくれても…
洗い物しといたから
あーありが…
と…
びしゃ…
あ!また油物用のスポンジで食器洗ってる!
見たらわかるのに!!

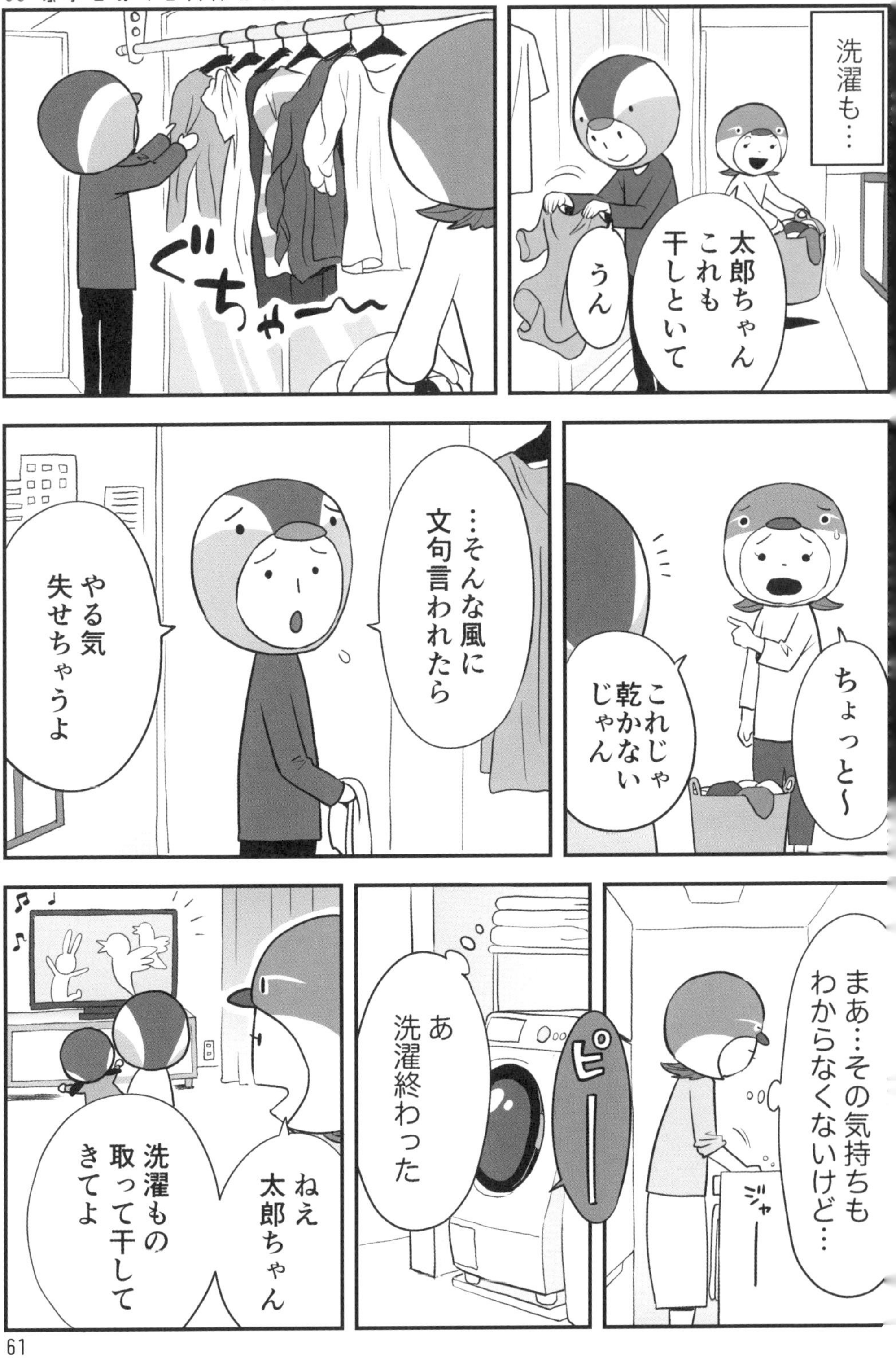
洗濯も…
太郎ちゃん これも 干しといて
うん
ぐちゃ〜〜
ちょっと〜
これじゃ 乾かない じゃん
…そんな風に 文句言われたら
やる気 失せちゃうよ
まあ…その気持ちも わからなくないけど…
ジャー
ピーー
あ 洗濯終わった
ねえ 太郎ちゃん
洗濯もの 取って干して きてよ

あー
うん
……
「うん」じゃなくて
ジャー
シワになっちゃうから早く！
CMになったらやるよ
そんなすぐやらなくてもシワの状態は変わんないでしょ
パパーみてー
わーすごいねー
キュッ
もーいいよー
わたしやる
翌日
ーごちそうさまー
カチャ
カチャ
ねえ
先に片付けようよ

ちょっと待って
すぐ終わるから
ジャ
ーごめん手伝うね
もう終わったよ
あーありが…
びしゃ…
ちょっとビシャビシャじゃない
ちゃんと拭いていってよ
も〜〜

私が家事しているところ
見てないでしょ！
もっとちゃんとやって！
なんで家事を手伝ったのに
文句言われないといけないの！
かえって私の家事を
増やしてるじゃない！
そんなこと言われたら、
手伝う気持ちが失せちゃうよ

03 家事をめぐる夫婦のズレ

夫　何が不満なの？　家事を手伝っているじゃない！

妻　私が家事しているところをちゃんと見ているの？

家庭で家事を主に担当しているのは、どなたでしょうか？　妻でしょうか？　それとも夫でしょうか？　結婚後、トラブルに発展しがちなのが、家事の分担です。掃除、洗濯、炊事など、すべての家事を妻、もしくは夫が行っているという家庭は少ないのではないでしょうか？　共働きの家庭はもちろんのこと、専業主婦・主夫家庭だったとしても、何らかの家事をお互いに担当していると思います。

ただし、どのように分担するかで意見がぶつかったり、手伝っているつもりでも相手には協力が不十分だと映り、喧嘩に発展することもあります。共働きで早く帰宅したほうが家事をするといった決まりごとを設けている家庭、あるいは炊事や洗濯は妻で掃除やゴミ出しは夫などと、明確に役割を決めているケースもあるでしょう。お互いが納得していれば、どんなルールでも問題はないはずですが、実際には家事の分担に不満を抱えている女性が多くいます。

毎日3時間以上も多く女性は男性より家事をしている

背景にはそもそも家事・育児の大半を、女性に押し付けてしまっている日本の現状があります。１９６０年から5年ごとに実施されている「国民生活時間調査」でも、その傾向を確認することができます。同調査では、日本人が日常生活において、どのような行動に時間をかけているのかを明らかにしていますが、２０１５年のデータでは、成人男性の家事時間が長期的に見ると、少しずつですが、増加していることがわかっています。

ただし、家事に費やしている時間を女性と比較した場合には、とても大きな開きがあります。女性が平日に家事に費やしている時間は、4時間18分だったのに対し、男性は54分という結果でした。イクメンという言葉が広まり、**男性の家事・育児時間が増えたといっても、平均的に見れば、まだ一日3時間以上も開きがある**わけです。

トクバイが同社のサービスの利用者に対して行った、「夫・妻間での家事負担に関するアンケート」でも同様の結果が見て取れます。家事負担の割合について尋ねたところ、最も多かった回答が「妻9：夫1」で、約35％を占めました。さらに「妻がすべて」と回答した人の割合が約21％で2位、「妻8：夫2」という家庭が約17％で3位でした。家事は女性がするものという認識が、いまだに根強く残っていることを意味しています。ちなみに男性が主に家事を担当している家庭を探すと、「妻1：夫9」と答えた人は約1％、「夫がすべて」にいたっては0・4％という結果でした。

こうした家事負担が偏っている現状を、女性たちも良しとしているわけではありません。2018年12月に発表された、しゅふJOB総合研究所の調査によると、「2018

年を振り返って、夫は家事・育児に十分取り組んでいたと思いますか？」という質問に対して、約36％の女性が「家事・育児を少しは行っていたが不満」と回答し、約17％が「家事・育児を全く行っておらず不満」と答えました。両者を合計すると約53％になり、**およそ半数の妻が夫の家事・育児に不満を抱いている**ことになります。

結婚を機に女性が仕事を辞め、主婦として家庭を守る。そんな時代の話なら、女性の家事時間が多くなっていても、まだ理解ができるかもしれません。ですが、『男女共同参画白書』によると、共働きの世帯は１９９７年に非共働き世帯数を上回って以来、年々増加しています。２０１７年には共働き世帯が１１８８万世帯だったのに対して、非共働き世帯数は６４１万世帯でした。女性の社会進出が進み、共働きの家庭が大半を占めているにもかかわらず、あいかわらず家事は女性がするものといった考え方が定着し、実際に女性が主に担当していることになります。

では、どうして男性は家事に消極的なのでしょうか？　東北大学の神谷氏はこう指摘します。

「高度経済成長期の日本では、家事や子育ては女性がするものといった古い価値観が支配的でした。その代わりに会社で猛烈に働くことで男性は家計を支え、家事を免除されていた側面があります。しかし、1980年代に入ると女性の社会進出が進むようになり、徐々に男性も家事を行うべきという考えが台頭してきました。ただ幼少期から台所に入らない父親の背中を見て育ってきた**男性たちは家事への意識が希薄で、また家事をこなすスキルも十分に伸ばしてきませんでした**」（神谷氏）

男性が家事に向いていないというのはただの思い込みにすぎない

結婚するまで実家暮らしだった男性の場合、家事はすべて母親に任せきりだったという人も珍しくありません。結婚して急に家事をする必要に迫られ、どうすればいいのかわからずに、消極的になってしまう。それが男性の言い分でしょう。一方で、ひとり暮らしの経験のある男性も多いはずです。自炊をしていた人もいれば、食事は外食に頼っていたとしても、洗濯や掃除くらいは自分で行ってきたはずです。したがって、**家事スキルがなく、不器用なので、自分は家事や育児に向いていない。だから女性に任せるの**

だという、一部の男性から聞かれる主張は思い込みにすぎないと水島氏は言います。

「たとえば育児において母乳をあげられるのは、女性だけです。そのため、育児の場面で性差が存在するのは確かですが、母乳に頼らない育て方もありますし、母親が搾乳したものを夫や第三者があげることだってできます。**男性たちの中には不器用を良しとする価値観があるだけ**です。それを正しいと思い込んで、家事や育児をしない言い訳として使っているにすぎません。

もしも、本当に育児が女性にしかできないことだとしたら、父子家庭はどうなるのでしょうか？　しっかり子どもを育てている父親を否定することになります。その気になればできるのですが、しないだけ。古い価値観にとらわれている男性がまだまだ多い気がします」（水島氏）

加えて神谷氏は、女性側にも古い価値観が残っていると指摘します。

「男性に手料理をふるまうことで気を引いたり、レストランなどでさっと支払いを済ませる男性の行動をスマートだと感じたり、**旧来的な〝男らしさ〟や〝女らしさ〟にとらわれながら、女性も男性との関係を紡いでいきがち**です。男性の家に遊びに行ったときに、料理を作ってあげたり、片付けを手伝ってあげることで好意を示すのはいいとして、それが当たり前になると、男性も好意に甘えるようになっていくでしょう。こうした性役割を引きずったまま結婚してしまうと、〝家事は女性〟〝支払いは男性〟と役割が家庭内で固定化する原因にもなります」（神谷氏）

家事は女性がするもの！ 固定化した役割は簡単に崩れない

女性が男性に手料理をふるまううちに、それが当たり前の関係になり、結婚後もその役割がスライドしてしまうことは往々にしてあります。〝結婚したのだから、私だけがご飯を作るのはおかしいじゃない？〟と、途中で疑問を提起しても、「だってやってくれていたじゃない！ 強制していたわけじゃないよ」と反論されるなど、一度、固定化してしまった役割は容易には変化しないといいます。

また、家事に関するトラブルには、もう一つのポイントがあります。それが冒頭の漫画で〝太郎ちゃん〟と〝いっちゃん〟が繰り広げていた家事のやり方をめぐるいざこざです。家事を手伝ってくれる太郎ちゃんに感謝しつつも、いっちゃんは洗い物のやり方や洗濯物の干し方に不満を抱いています。対する太郎ちゃんも、手伝っているのに文句を言われたくないと、いっちゃんからの指摘に苛立っていました。こうした家事のやり方をめぐるトラブルは、現実に起こっています。

パナソニックが2015年8月に実施した「夫婦の家事に対する意識調査」によると、約7割の女性が家事を夫に任せたときの仕上がりに不満を持っていました。とくに雑で不満だった家事として、食器洗い、洗濯、風呂掃除をあげています。さらに約6割が「夫に家事を任せることで、かえって自分の手間が増える」と考え、「夫に任せるよりも効率的に家事ができる家電が欲しい」と考えていることもわかっています。ときには家事の稚拙さを強く指摘する女性もいますが、それが男性の家事意欲を減退させるという調査結果もあります。男性の家事が本当に雑だったのかもしれませんが、この溝が埋まらなければ、男性の家事時間が増えたとしても、女性の不満はなかなか消えません。

どうしてそのような認識のズレが起こるのでしょうか？　子育て心理学協会の代表理

事でカウンセラーの東ちひろ氏は分析します。

家事はここまでできたらＯＫ 人それぞれ違う合格ライン

「家事や片付けというのは、ここまでできたらＯＫという合格ラインが人によって違います。夫はやったと思っても、妻からしてみれば、満足のいくクオリティに到達しておらず、ちゃんとできていない、まだ終わっていないじゃないと不満が募ることになります。**日頃、妻が中心的に家事をしていると、とくに温度差が起こりがちです**。たとえば、食器を洗ったあと、台所の床に水が飛び散って濡れていたら、妻はそれも拭かないと評価できないと感じます。ですが、夫のほうは日頃、台所に立っていないので、多少、濡れていたとしても気にしません」（東氏）

一方で神谷氏は一つの家事を分担して行う難しさにも触れます。

刻々と変化する家事を分担するには非常に時間と労力がかかる

「家事に習熟していない男性の根っこに、できれば家事をやりたくないという感情があるため、手抜きになりがちです。また、実は家事を上手に分担しようとすると、すごく手間がかかります。炊事を例にすると、冷蔵庫にどんな食材が、どれくらい残っているのかをキチンと情報伝達しなければ、まだキャベツが残っているのに新しいものを買ってくるなど、ムダが生じるようになります。明日、麻婆豆腐を作るために豆腐を残しておいたのに、朝、夫が味噌汁を作るために使ってしまったので、豆腐がない！といったようなズレが生じることもあります。それを避けるためには、いちいちパッケージに使うな！と書いておかなければいけないかもしれません。家事ではこうした共有すべき情報がありすぎるわけです。しかも、一日一日状況が刻々と変化していきます。食材には賞味期限があり、消耗品も使うたびに減っていくからです。

また、調理器具の収納場所や使い方などを統一して、一つのパターンに落とし込まなければ効率が上がらないでしょう。それを完璧に夫婦で共有するには、時間や労力がかかります。だったら、自分で全部やったほうが楽だと思ってしまうわけです。私の調査でも、話し合ったわけではなく、そのほうが合理的だと言って男性が炊事をすべてするようになった夫婦もいました」（神谷氏）

家事のやり方や分担をめぐって揉めない必要な夫婦のコミュニケーションとは？

すべての家庭で、家事の分担が自然と決まるわけではありません。また役割を決めても、仕事が忙しくなったり、子どもが生まれれば、状況が変化していきます。もっと手伝ってほしいという相手への期待や要望が出てくることもあるでしょう。そして、分担した家事もやり方次第で不満が溜まる原因になります。こうしたストレスをどうやって軽減していけばいいのでしょうか？　神谷氏はこんな提案をします。

「たとえば、炊事が得意なら炊事担当、洗濯や掃除は相手にやってもらうなど、担当を決めて、原則的にはお互いに不可侵にするのも一つの手です。任せた以上は、文句を言わないと取り決めると、手伝ったときに〝シワを伸ばして干していない〟などと、指摘されてイライラすることも減らせるのではないでしょうか？

昭和には〝男の子には料理を教えない〟といった価値観もあり、まったく炊事ができない男性もいましたが、いまの若い男性は〝弁当男子〟がいるなど、家事スキルが上がってきているので相手によっては担当制も可能だと思います」（神谷氏）

また、もし相手の家事スキルが十分ではないなら、これを機に教え込んだほうが楽だと言います。

「家事ができる男性よりも、できない男性のほうが楽だという考え方もできます。なぜなら自分のやり方を教えていけば、同じやり方で家事を分担できるようになるからです。下手に相手のやり方を持ち込まれると、衝突の原因となり、かえって面倒ではないでしょうか？　とくに、うちの母親はそんなふうにやっていなかったよと、実家で教わった方法を主張されると厄介です」（神谷氏）

もし結婚後、家事を手伝ってもらう中で男性に家事スキルが足りないことがわかったら、子どもが生まれる前に教え込んでおくといいと神谷氏は補足します。育児がはじまると、慌ただしい毎日の中で女性側にも余裕がなくなってしまうからです。男性が家事でフル回転してくれれば、こんなに頼りになることはありません。中には、夫に家事を教え込むことに抵抗を感じる人もいるかもしれません。そんなこともわからないの？と幻滅したり、イライラしてしまう気持ちもわかります。そこで、東氏は家事を教える際の心構えを説きます。

「これだけ毎日、私が家事をやっているのだから、〝ちゃんとやり方を見ててよ！〟、そう声を荒らげたくなる気持ちもわかります。別々に暮らしているわけでもなく、同じ空間で作業しているのだから、見えているはずだと思ってしまいます。ただ、自分ができるから夫もできるはずだとは必ずしも言えないところがあります」（東氏）

たとえば同じフロアで働く別のチームの仕事を突然、手伝ってと言われたら、戸惑うのではないでしょうか？　なんとなくどんなことをしているかは目にしていても、いざ、代わりに担当してと言われると、どうすればいいかわからないと思います。ざっとはできたとしても、細部まで再現することは難しいでしょう。それと同じことだと東氏は言います。

「妻が家事をしているところを見ていたとしても、自分ごとではないため、再現するのは難しいでしょう。見ていたからといって、できるわけではないのです。だから、小学生のお子さんに一から教えるような感覚で、具体的にこうしてほしいと細かく伝えていくことが大切です」(東氏)

神谷氏は、新婚夫婦とは異なり、長年の夫婦生活で、すでに役割が固定化してしまっている場合でも、コミュニケーションを工夫することで、変化を起こすことができるかもしれないと言います。

「夫婦関係も家族生活の一定のパターンの中に埋もれているので、そこを変える工夫はできると思います。具体的には、めったに言わないことを口にしてみるというのも手です。ありがとうや、ちゃんと面と向かって愛していると言ってみるのもいいでしょう。照れ臭くて言えないなら、特別なときではなくても、プレゼントを買って帰るとか、そんな方法でいつもと違う行動を起こし、夫婦間に新しい風を吹かせることで、固定化を防ぐきっかけを作るわけです。パターンというのは一度、決まるとそれを維持しようという力が働きます。でも、変わるときはちょっとしたきっかけで変わるものです」(神

谷氏）

うちの夫は炊事も洗濯もやろうとしないし、家事の分担はすでに固定化している、と諦めずに夫婦のコミュニケーションを変化させてみる。すると男性も役割を変えてほしいという提案を受け入れやすくなるかもしれません。

家事をめぐる夫婦のズレに関する学び

- 男性は家事への意識が希薄で、家事をこなすスキルも十分に伸ばしてこなかった
- 旧来的な“男らしさ”や“女らしさ”にとらわれながら、女性も男性との関係を紡いでいきがち
- 性役割を引きずったまま結婚してしまうと、“家事は女性”“支払いは男性”と役割が家庭内で固定化する原因に
- とくに雑で不満だった家事は食器洗い、洗濯、風呂掃除
- 約6割が「夫に家事を任せることで、かえって自分の手間が増える」と考えている
- 家事や片付けというのは、ここまでできたらOKという合格ラインが人によって違う
- 男性の根っこに、家事をできればやりたくないという感情があるため、手抜きになる
- 完璧に夫婦で共有するには、時間や労力がかかる。だったら、自分で全部やったほうが楽だとなってしまう
- もし相手の家事スキルが十分ではないなら、これを機に教え込んだほうが楽
- 自分ができるから夫もできるという考え方は捨てるべき
- 小学生のお子さんに一から教えるような感覚で、具体的にこうしてほしいと細かく伝えていくことが大切
- いつもと違う行動を起こし、夫婦間に新しい風を吹かせることで、固定化を防ぐきっかけを作る

04 セックスレスをめぐる夫婦のズレ

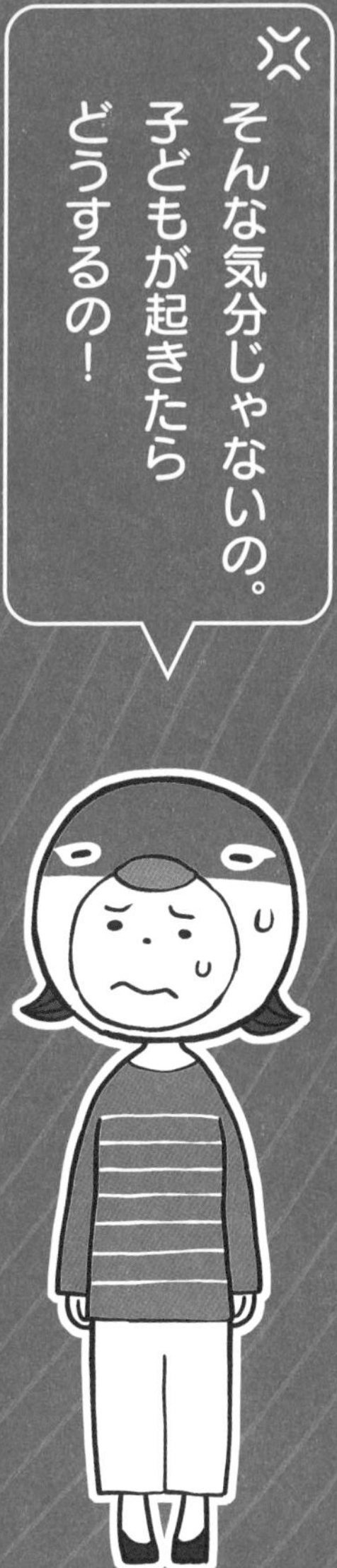
そんな気分じゃないの。子どもが起きたらどうするの！

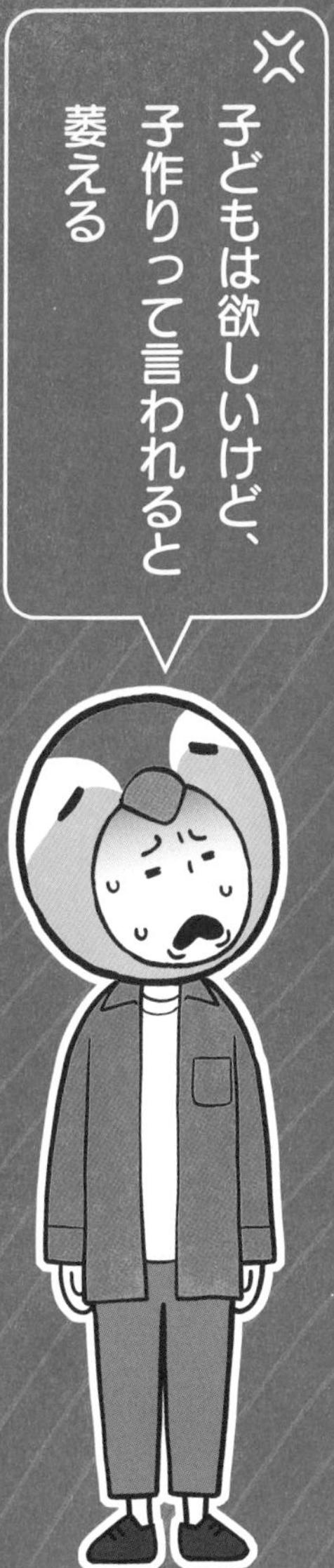
子どもは欲しいけど、子作りって言われると萎える

結婚後にセックスレスになる夫婦が増えていると言われています。どんな原因でセックスをしなくなり、解消したい場合にはどうすればよいのでしょうか？　セックスレスをめぐる夫婦のズレを考えます。

………
…太郎ちゃん？
モゾ
モゾ
ゴソ…
どてっ
ぐいん
んん〜っ
ぐるぐる
いっちゃ〜ん♥
ゴソ
ゴソ

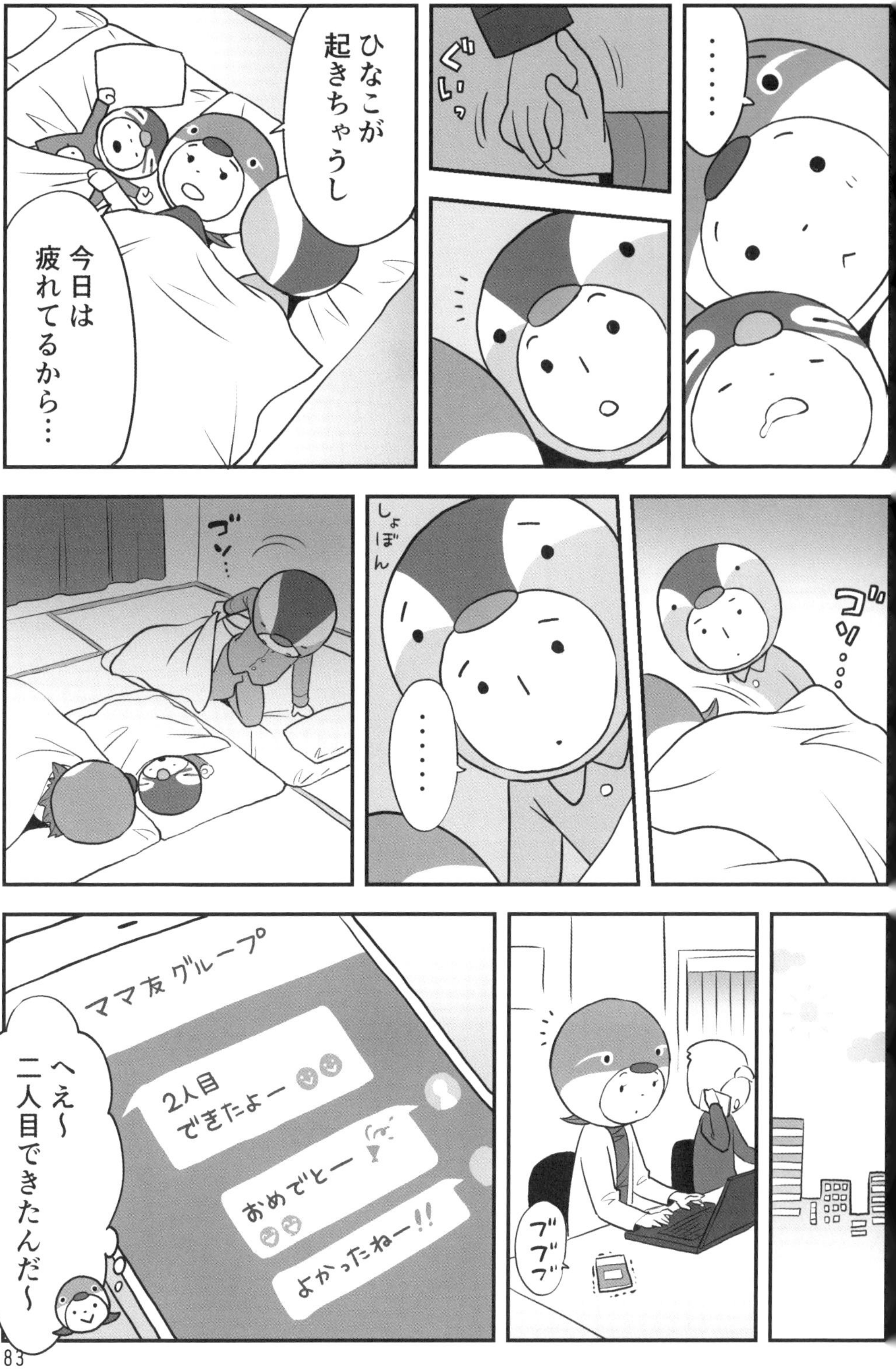
……
ぐいっ
ひなこが起きちゃうし
今日は疲れてるから…
ゴソ…
しょぼん
……
ゴソ…
ブブブ
ママ友グループ
2人目できたよー
おめでとー
よかったねー!!
へえ〜二人目できたんだ〜

……
ひなこにも弟がいたらいいな…
私も2人目ほしいなー…
ひなこが起きちゃうし
今日は疲れてるから…
こないだはつれなかったかな…
ゴソ……
ガー
モゾ…
つんつん
フガ

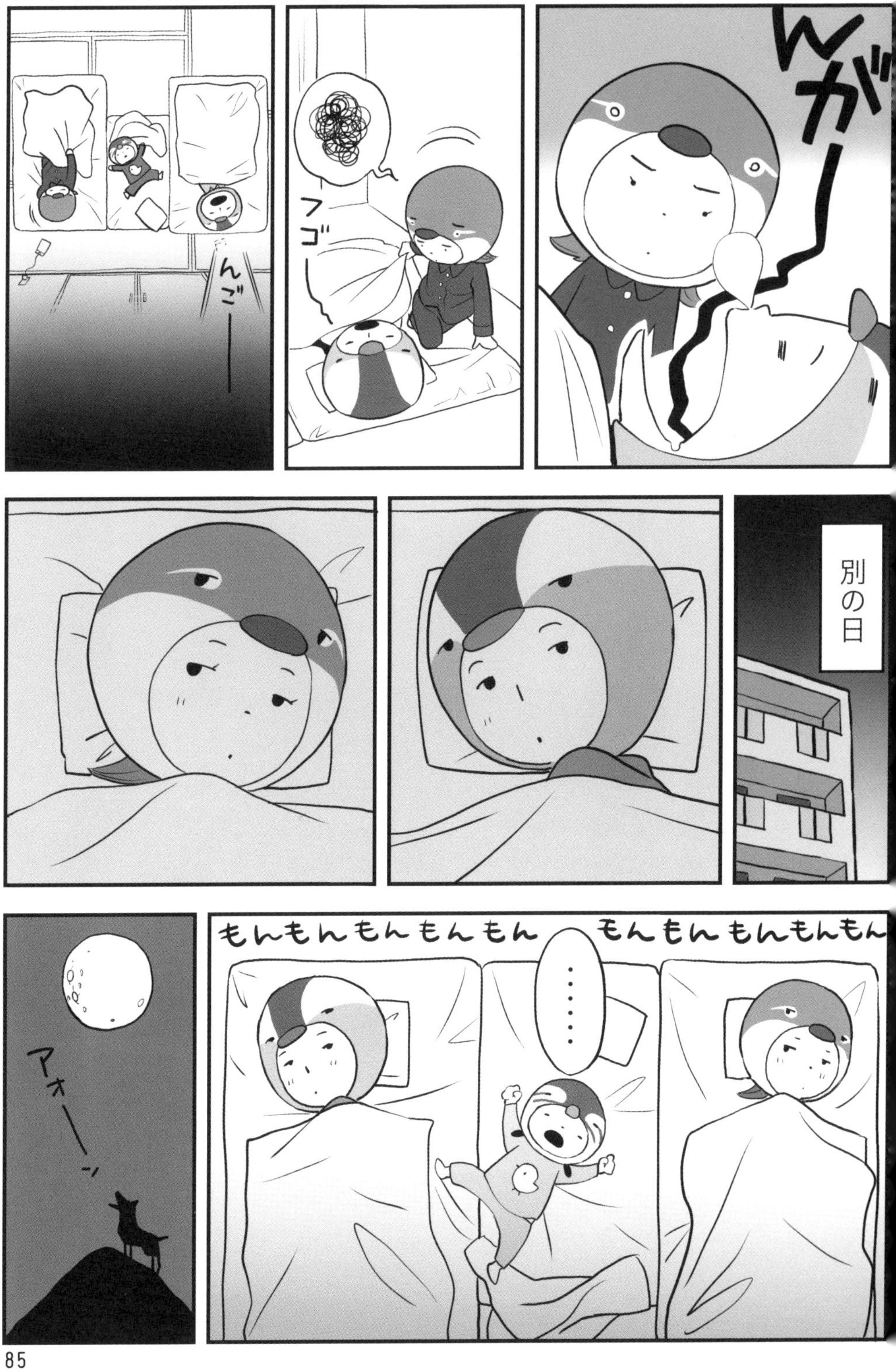

んごーーー
フゴー
んがーーー
別の日
もんもんもんもんもん
……
もんもんもんもんもん
アオーーッ

私にもしたいときと、
したくないときがあるんだから！
なんども拒まれると、
そういう気になれないんだよ
ひなこが起きたらどうするの！
子作りって言われると
萎えるんだよな

04 セックスレスをめぐる夫婦のズレ

妻 そんな気分じゃないの。子どもが起きたらどうするの！

夫 子どもは欲しいけど、子作りって言われると萎える

1947~1949年のいわゆる第1次ベビーブーム期に4・3を記録していた日本の出生率ですが、1950年以降からは急激に低下し、1975年に2・0、2005年には過去最低となる1・26まで落ち込むなど、深刻な社会問題となっています。その一因としてセックスレスがあげられます。

既婚者の半数以上がセックスレス

コンドームメーカーである相模ゴム工業が行った調査によると、既婚者・交際相手がいる人に対し「結婚相手、交際相手と世間一般に言うセックスレスだと思いますか？」という質問を投げかけたところ、既婚者の55・2％、交際中の人では29％が「セックスレスだと思う」と回答しました。とくに、**40代、50代男性の6割がセックスレス**だと回答を寄せています。こうした発言を裏付けるデータもありました。

男性向けの避妊具メーカーＤｕｒｅｘ社が行ったセックスに関する国際比較調査では、日本人のセックス回数の少なさを確認することができます。年間の平均セックス回数が１４６回で最多だったギリシャに対し、日本はおよそ3分の1にあたる48回でした。これは調査対象の21か国中で、最も少ない数です。また同調査ではセックスの満足度に関する設問もあり、67％が満足していると回答した1位のナイジェリアや、63％で2位のメキシコから大幅に低い15％という結果になったのが日本でした。

交際3~5年でセックスが つまらないと感じはじめる

年間の回数も少なく、満足度も低い日本。どうして日本人はセックスを避けたがるのでしょうか？　マンネリという言葉がありますが、交際期間の長さが関係するのか、ウェブサイト「女子ＳＰＡ！」が実施したアンケート調査を見てみましょう。「５年以上交際中の恋人または結婚相手がいて、エッチにつまらなさを感じている、20～30代の女性２００人」へのアンケートでは、**約50%の人が交際をはじめてから3~5年で「つまらない」と感じるようになった**と回答し、頻度は「１年以上していない」との回答が最も多かったと言います。

また、〝いっちゃん〟と〝太郎ちゃん〟のように、セックス中に寝ていた子どもが起きてしまわないか心配で、その気になれない夫婦もいるでしょう。幼いときから寝室を両親と別にして子育てを行う欧米とは異なり、日本ではある程度の年齢になるまで親子が同じ寝室で寝ることも珍しくありません。住居が狭く、子ども部屋を独立して設けるのが難しいといった日本独自の住環境問題も背景にあるのかもしれません。

相模ゴム工業の性体験に関する大規模調査では、セックスをしたくない理由として男女ともに「仕事や家事が忙しく疲れている」「面倒くさい」「年齢的にもういい」「性欲がない」といった回答が寄せられています。

とくに女性は、妊娠・出産によってホルモンバランスが著しく変化します。「エストロゲン」と呼ばれる女性ホルモンは、妊娠中は胎児の成長を育むホルモンとして急速に分泌量が増えますが、出産直前にピークを迎えると、産後に急激に減少。その影響で不安や孤独を感じて、イライラしやすくなると言われています。そのほか、育児の疲れでセックスをする気が起きず、期間が空くことで気恥ずかしくなったり、何度か一方がセックスを拒んだことで、いつの間にかセックスレスになっている夫婦も珍しくありません。

ちなみにセックスレスというのは、日本性科学会によると「**特別な事情がないにもかかわらず、カップルの合意した性交、あるいはセクシャルコンタクトが1か月以上ないこと**」を指します。

夫婦仲が良すぎて むしろセックスができない

また、長年、性に対する夫婦の悩みをカウンセリングしてきた、あべメンタルクリニック院長で精神科医の阿部輝夫氏は来院する相談者の傾向を明らかにします。

「セックスレスになる原因はさまざまですが、相談に来られる女性に多く見られるのは〝夫の浮気〟や、〝あるときのセックスがとても痛かった〟〝眠いのに強引にされた〟など、嫌な思いをした経験によって、セックスに対してネガティブになり、拒否するようになったパターンです。一方、男性からの相談は対照的で、**仲がいいから、むしろセックスができない**といった理由が見られます」（阿部氏）

交際当時は男と女の関係だったものの、結婚して長い時間を共有すると、家族・肉親のような関係性になっていきがちです。さらに子どもが生まれると、お互いに母親・父親という役割が加わるため、どうしても男女の関係性が薄れていきます。**家族・肉親のような関係が強まれば、当然、性欲の対象からは外れて**いきます。セックスをするとむしろ、罪悪感を感じるケースもあります。

「愛しているけれど、男と女の愛ではなく、お互いが空気のような存在になったわけです。子どもが生まれることは大きなターニングポイントになりますが、愛情の質が変化し、性的な目で見られなくなることがよくあります。実際、男性は子どもができると、赤ちゃんに乳をあげて世話をする女性の姿を見ることになるわけですから、妻から母に存在が切り替わってもおかしくありません。女性も出産を機にホルモンバランスが崩れるため、子育てにつきっきりの間はセックスを拒みがちです」（阿部氏）

妻をマスコットのように愛しセックスで汚したくない

さらに、妻を愛らしいマスコットのような存在として捉え、セックスすることで汚したくないといった感情を持つようになる男性もいると、阿部氏は指摘します。こうした意見は女性でもありますが、圧倒的に男性に多い傾向だと語ります。ただ、なぜそうなるのか、確かな理由は解明されていないと言います。

「夫婦の仲が良いことは、結婚生活を送る上ではまったく問題ありませんが、子どもが欲しいとなった場合には、セックスができないため、問題として顕在化します」(阿部氏)

子どもが欲しいけれど、セックスレス夫婦間の性の悩みを解消するコツとは?

では、子どもが欲しいけれど、長年、セックスをしていない。そんな夫婦はどのようにセックスレスを解消していけばよいのでしょうか?

「セックスレスになった原因が何なのか、まずはそれを明らかにすることが大切です。うちの病院に相談にいらっしゃる方でも、軽度のセックスレスから重度まで、さまざまです。『今日やってみようと思ったらできますか?』と尋ねると、汗をかいて、動揺する人もいれば、悩んだ末に『頑張ればできます』と答える方もいます。その上でまずは**どのように改善したいのかゴールを設定し、そこに近づけていく**ことになります。具体的に話を聞きながら、宿題のような形でコミュニケーションを促していきます」(阿部氏)

性的対象として見られないのなら、マスターベーションのときに妻をイメージしてもらうことで、徐々に改善していくという方法もあると言います。また、肉体的な接触がなくなっているのなら、手を繋いだり、ハグやキスから徐々に距離を近づけていく方法があると阿部氏は語ります。

「頭では妻だとわかっていても、性欲の対象ではない家族として見てしまう。それは一種の恐怖症だと言うこともできます。最近は治療薬もあるので、投与しながら、徐々に心理的なハードルを下げていくという方法もあります」(阿部氏)

一日の出来事や気分を尋ねることからコミュニケーションをはじめる

また、前出のゆうき氏は、こんな法則をあげながら、アドバイスします。

「夫婦間の満足度は、『性的な行為の回数ー口論の回数』に比例すると言われています。精神的・身体的にもお互いの快い方法を探しつつ、喧嘩を避ける、ということですね。これによって関係性が破綻しづらくなると考えられます」（ゆうき氏）

具体的にはどうすればよいのでしょうか？

「簡単なコミュニケーションの第一歩として、必ず『今日はどうだった？』と一日の出来事や気分を尋ねることからはじめてみるのはいかがでしょうか？　これは単に相手の近況を知るだけでなく、相手に対して『あなたのことをいつも気にかけているよ』という気遣いのメッセージにもなります」（ゆうき氏）

セックスレスをめぐる夫婦のズレに関する学び

- 40代、50代男性の6割がセックスレス
- セックスの回数が少なく、満足度も低い日本人
- 約50%の人が交際をはじめてから3～5年でセックスが「つまらない」と感じるように
- セックスをしたくない理由は、仕事や家事が忙しく疲れている、面倒くさい、年齢的にもういい、性欲がない
- 特別な事情がないにもかかわらず、カップルの合意した性交、あるいはセクシャルコンタクトが1か月以上ない
- 仲が良いから、むしろセックスができない
- 家族・肉親のような関係が強まれば、当然、性欲の対象からは外れる
- 妻を愛らしいマスコットのような存在として捉え、セックスすることで汚したくない
- どのように改善したいのかゴールを設定し、そこに近づけていく
- 肉体的な接触がなくなっているのなら、手を繋いだり、ハグやキスから徐々に距離を近づけていく
- 夫婦間の満足度は、「性的な行為の回数－口論の回数」に比例する
- 必ず「今日はどうだった？」と一日の出来事や気分を尋ねることからはじめてみる

05 浮気をめぐる夫婦のズレ

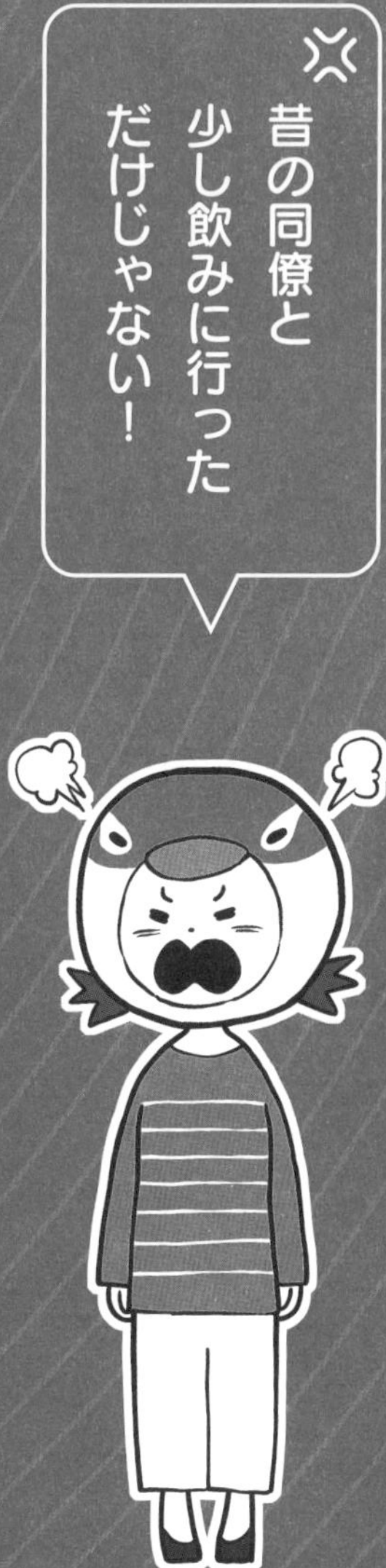
昔の同僚と少し飲みに行っただけじゃない！

だって男でしょう！親しげだったし、怪しい……。

浮気も夫婦間の代表的なトラブルの一つです。浮気をしていなくても、誤解から関係にヒビが入ってしまうケースもあります。浮気に対する認識の違いや、誤解が生まれる理由、そして解決策を考えていきます。

えっ？
ケンカ？
ひよこ保育園
おともだちと
ちょっとだけ…
でもすぐ
ごめんなさい
できたんですよ
今日のこととか
話したいのに…
太郎ちゃん
遅いなー
太郎ちゃん
ごめん 飲み会で
おそくなる
翌朝
ドタドタ
キャ
バタバタ
ほらひなこ
お着替えして
じゃ
行ってくるね
いって
らっしゃーい
ガチャ

今朝も太郎ちゃんと話せなかったな…
おーい みんな
新しい仲間を紹介するな
ジョージくんだ
ジョージ!?
ひなこ!?
和風ダイニング 鳥かぞく
…いや～ びっくりした～
前の会社以来だから もう5年ぶりぐらい?
そうだね
結婚したって聞いたよ
幸せかい?
…うーん それがさー
最近 すれ違いが 多くてさー
聞いて くれるー?
遅いな～

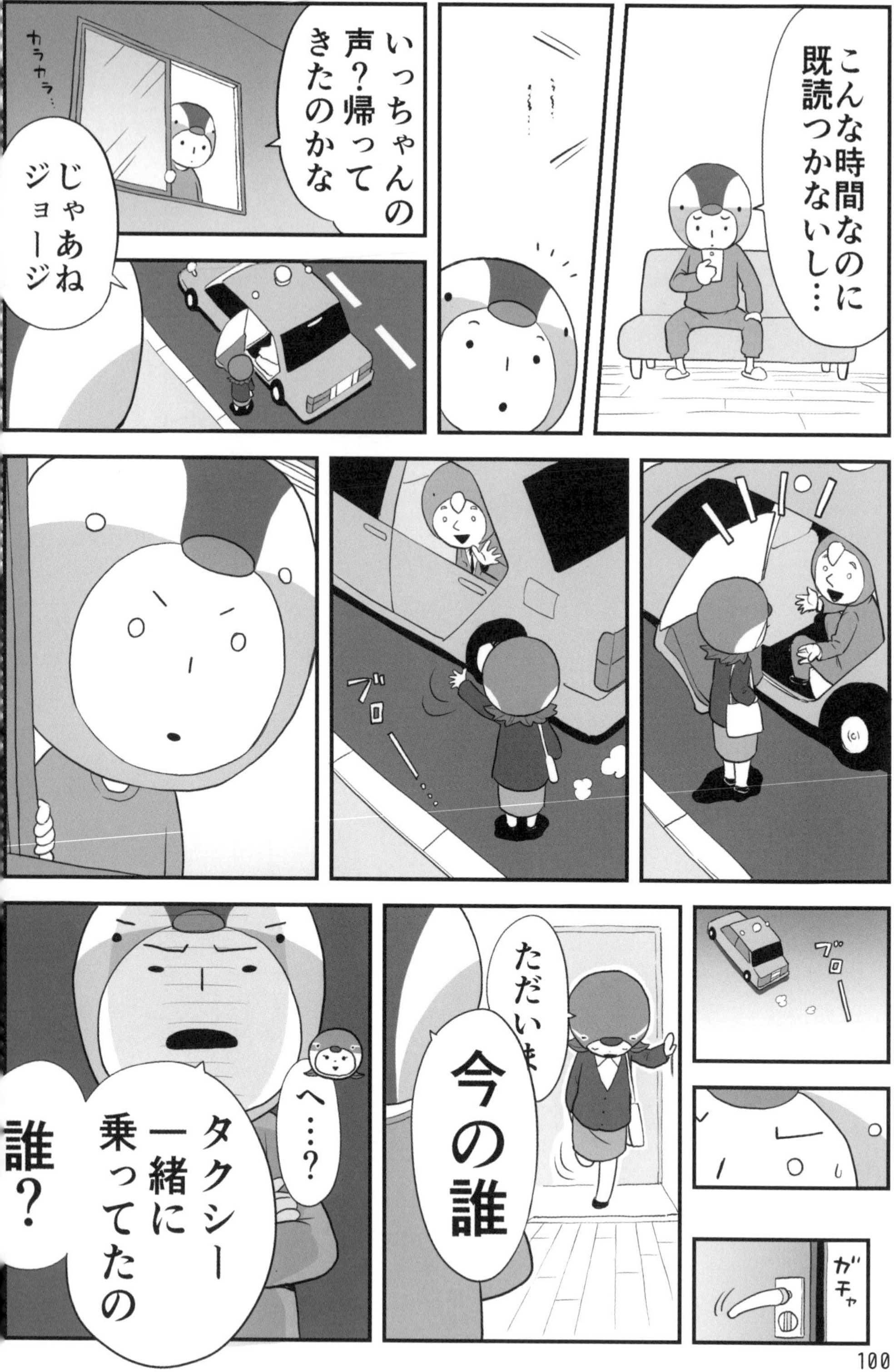
こんな時間なのに既読つかないし…
カラカラ…
いっちゃんの声?帰ってきたのかな
じゃあねジョージ
ブロロー…
ブロロー
ガチャ
ただいま
今の誰
へ…?
タクシー一緒に乗ってたの誰?

あー見てたの?
前の会社で同僚だった人なんだけど
転職でうちの会社に来たから歓迎会することになって
え?市子の会社って歓迎会とか廃止になったって言ってたよね?
いや帰る方向が同じだったから少し飲みにいっただけだよ
マジで?
えー?なに?
なんか…
すっごく親しげな感じだったよね~
デレデレしてたし!
デレデレ…?
?
はっ
あ!違う違う!
単に昔話で盛り上がってただけだよー!
疑
ちょ…ちょっと待ってよ
ほんとに?
なにもないって!
ほんとだってば!

太郎ちゃんだって黙って飲みに行くことあるでしょ！私も飲みたいときがあるの！
やましい気持ちがあるから連絡しなかったんでしょ！
連絡してっていうけど、私が飲みに行くだけで、不機嫌になるじゃない！
まだ子どもが小さいのに！遅くまで飲み歩いている母親はいないでしょ！

05 浮気をめぐる夫婦のズレ

妻 昔の同僚と少し飲みに行っただけじゃない！

夫 だって男でしょう！ 親しげだったし、怪しい……。

ニュース番組や週刊誌で盛んに芸能人の浮気や不倫が報じられていますが、こうした夫婦間の異性トラブルは、芸能界に限った話ではありません。最高裁判所が公表している「司法統計」には、どうして離婚調停を申し出たのか、その動機を調査した結果が掲載されていますが、たとえば２０１７年の司法統計を開いてみると、男性からの申し出理由として2番目に多いのが「異性関係」です。また、女性では「性格が合わない」「暴力を振るう」に続く3番目に「異性関係」があがっており、一般的にも離婚に至る大きな原因となっていることがわかります。

では、どうして伴侶になることを合意し結婚した男女が、異性関係で揉めることになってしまうのでしょうか？　浮気や不倫はどんな心理状態やメカニズムで起こるのか、心理学を用いて解説していくことにしましょう。まず心理学者の齊藤氏が、生物学的観点から男女の浮気について説明します。

浮気をするのは男性とは限らない。女性だってする

「男女で比較すると、世間で言われている通り男性のほうが浮気する傾向にあります。しかし、中には浮気をする女性も当然います。**生物学的に見れば、男性も女性も子孫を残そうとする本能があります**が、そのやり方が違うのです。いずれにしろ結婚したからといって、必ずしも伴侶以外の相手と肉体関係を結ばないという保証はありません」

（齊藤氏）

相模ゴム工業が発表した性体験に関する大規模調査でも、齊藤氏の言葉を裏付けるデータがあります。全国の20代から60代の男女1万4100人を対象に行った調査ですが、結婚相手・交際相手がいる人に対して「そのお相手以外にセックスをする方はいますか?」との設問があり、男性の26・9%、女性の16・3%が「いる」と回答しています。これは現在の性体験に関する質問のため、過去を含めるとより多くの男女が浮気の経験があるということになります。また、齊藤氏は男性の浮気と女性の浮気では異なる点があると指摘します。

「男性の場合には、自分の遺伝子を残す子作りの接点は一瞬です。女性とひとときだけコンタクトすれば、無責任ではありますが、子育てに参加せず、立ち去ることも可能です。それが倫理的にいいか悪いかは別として、実際、動物の大半はそのような生殖行動を取ります。多くの子孫を残そうと思ったら、それだけたくさんの女性（メス）と接触すればいいので、男性（オス）は次の接点を求めて、移り気になるというわけです。それは、オスの本能だと言うことができます。

対する女性の場合、自分の子孫を残そうとするとき、多くの男性と付き合ったとしても、産める子どもの数は限られています。また、出産後は自ら手塩にかけて育てていく必要があります。食べ物を集めたり、外敵から子どもを守ったりと、ひとりで育てるのは大変です。このため、援助してくれる相手が必要です。自分を守ってくれる人が欲しくなります。男性のように子育てを放棄して、相手の元から去っていくことはできませんから」（齊藤氏）

さらに性的な欲求を満たすために浮気をする男性がいるのに対して、女性は〝もっと優秀な遺伝子が欲しい〟という本能に加えて〝相手が好きだ〟と精神的に惹かれなければ、体の関係を持たない傾向が強いと言います。そのため女性の〝浮気〟は〝本気〟に変わりやすく、男性と比べて浮気によって新しいパートナーに乗り換える可能性が高いと言われています。

女性が浮気に走るのは経済的に苦しくなったとき？

①現在のパートナーが貧困に陥ったとき
②現在のパートナーよりも経済的に豊かで、自分に興味を持ってくれる人に出会ったとき
③現在のパートナーとの関係がうまくいっておらず、マンネリ化しているとき

こうした状況に陥ると女性の承認欲求が満たされず、自分のことを構ってくれる異なるパートナーを見つけることで、精神的に満たされようと浮気に走ることがあると言います。そして、こうしたオスとメスの生殖本能の違いは、男女のコミュニケーションの差異にも表れていると、齊藤氏は続けます。

「動物も子どもや、子育て中の自分のために餌を運んできてくれるような能力の高いオスを探します。**現代の女性が結婚相手の条件として〝経済力〟を求めるのは、お金が自分たちを守ってくれる力になる**と本能的に理解しているからかもしれません。また、女性が交際相手に対して〝自分が本命の相手なのか、確認したがる〟のは、男性が本来、浮気性であることを知っており、本当に自分のことを守ってくれる相手なのかを探っていると言えます。

たとえば、男性は女性から〝愛していると、言葉にしてはっきり言ってほしい〟と要

求されたことはないでしょうか？　それは〝承認欲求〟から来るコミュニケーション法で、自分が本命なのか、果たして男性の愛情が本物なのか、確認しようと試みているわけです。守ってくれる男性がいなくなることへの不安を解消したいがための行動だと言えます。夫や恋人に〝いつ帰ってくるの？〟〝どこにいるの？〟と逐一、連絡を欲しがる女性がいますが、それも同じような心理から来る行動だと考えられます。

とくに、子育て中は夫がいなくなると困窮してしまうため切実です。ただ、これからは女性も経済力を持ったり、周囲のサポートで子育てができたりするとしたら、甲斐性のない夫に固執する必要がないと考えるかもしれません。また自分を守ってくれる、より魅力的な男性に気持ちが移ったとしても不思議はありません」（齊藤氏）

男性は最終的に戻る家、つまり本命がいる安心できる場所があり、その上で浮気に走るのだと、その心理を指摘する声があります。続いて、こうした男性の浮気に対する言説を齊藤氏は分析します。

「日本では専業主婦が一般的でした。いまでも結婚したら、女性には家を守ってほしいと考える男性がいます。女性が働きに出ることを嫌う男性が一定数いるわけですが、これは女性を家の中に閉じ込め、自分の帰りを待っている状態にすることで得られる安心感への期待からでしょう。もし女性に経済力があり、自立していれば、自分から離れてしまう可能性もあります。より魅力的な男性が現れたら、妻が取られてしまうかもしれないという不安が根底にあると分析することができます」（齊藤氏）

夫婦喧嘩で生じたネガティブな感情をプラスに変えてくれる異性を求める？

同じく、女性の浮気について精神科医のゆうき氏はこう解説します。

「女性は恋愛において、妊娠のリスクがあります。これによって、相手選びも無意識に慎重になると考えられます。男性は妊娠などの大きな影響を及ぼす要因がないため、妻以上の相手でなくては、というような深刻さはあまりありません。また、浮気につながる家庭内での要因に夫婦喧嘩がありますが、家庭内で気持ちがネガティブになってしまった分を補おうと、プラスを与えてくれる他の異性を求めてしまう可能性があるわけ

です」(ゆうき氏)

さらに、収入の高さが夫婦の関係に影響を及ぼすことがあると指摘します。

「経済的に満たされすぎてしまうことによって、気持ちに余裕があるため、相手への不満が目に付きやすいケースがあります。お金への不安がないことで、相手への執着が薄れてしまうわけです。〝貧乏人の子だくさん〟なんて言葉もありますが、お金に関する困難があると、子どもが多く生まれ、夫婦の結びつきも強くなると考えられます」(ゆうき氏)

ただ、どんな行動を浮気とみなすのか、その境界線は人によってさまざまです。探偵事務所が約2400人の男女に行ったインターネット調査では、「浮気だと思う行為」について尋ねています。それによると、男女ともに浮気とみなす行為の上位は「性行為を行う(男性80・8%/女性85・6%)」「二人だけで泊まりに出かける(男性68・2%/女性82・5%)」「キスをする(男性63・0%/女性79・3%)」「二人だけでドライブに出かける(男性42・3%/女性62・8%)」「二人だけで出かける(男性37・3%/女性61・1%)」という回答でしたが、男女で割合に大きな差があることがわかります。

〝太郎ちゃん〟は〝いっちゃん〟が同僚の男性と飲みに行ったことに対して、浮気を疑いましたが、このアンケートでは「二人で飲みに行く」行為については男性の36・1%、女性の50・4%が浮気だと捉えています。

自分は浮気だと思わないけれど、相手から見れば、浮気としてみなされることもあるわけです。お互いにどんな価値観を持っているのか、すり合わせておくことも必要なのかもしれません。

浮気をされないために知っておきたい男女のコミュニケーションの違いとは?

では、浮気をされないようにするために日頃から心がけるコミュニケーション法はあるのでしょうか?

「狩猟を行っていた時代から、男性たちは縦社会の中で生きています。リーダーのもとで、統率を取りながら、獲物を獲得していきます。狩猟中は獲物を逃さぬよう、あまり会話をせず、事前の作戦に従って、役割分担をしていきます。対して女性は村に残り、採種や集団での作業を行いながら、一日を過ごします。採種には強いリーダーは必要なく、協力し合い、効率よく作業を進めることが大切です。

そして、こうした採種や集団行動は、縦社会よりもフラットな関係性のほうがスムーズに進みます。狩猟を目的とした命令系統ではなく、情報収集のための会話が中心になります。〝あの木に実がたくさんなっている〟など会話をしながら、情報を集めるコミュニケーションをしますが、そこには〝あなたの夫をあそこで見た〟という浮気情報も含まれます」(齊藤氏)

現代でも女性の会話は終わりがなく、退屈だという男性がいますが、それはコミュニケーションの目的が違うからです。ところで女性は言葉だけでなく、態度や仕草などから、相手の気持ちを察する能力が高いと言われます。

「女性が男性の浮気に気づきやすいのは、コミュニケーション能力が発達しているからです。言葉だけでなく、表情や仕草から、常に情報を収集しています。いわゆるノンバーバルコミュニケーションが得意です。女性は、言語が発達していない子どもを育てるためにこうした能力が高まったと言われています。また女性は社会的な地位が低い時代が長く続きました。そのため上の者の顔色を伺う、察する能力が発達したとも言われます」（齊藤氏）

こうした察する力で、男性の浮気を見破るというわけです。

「ただし、女性は家庭を守りたいので、浮気を疑ってもすぐには問い詰めません。間違いであってほしいという気持ちがあるからです。女性にとって、男性の浮気は立場が揺らぐピンチです。だから**嘘であってほしいという願望があり、しばらくは男性の行動をとがめずに泳がせようとします**。男性は女性が気づいてないと思い、調子に乗り、行動をエスカレートさせることで、余計に墓穴を掘ってしまうわけです。

さて、子どもが生まれると女性の意識も変化します。それまでは守られる存在でしたが、子どもという自分よりも弱く、守るべき存在が誕生したことにより、我が子を守るという一般的に言われる母性本能的な意識が優先されます。極端な場合、男性の浮気が発覚すると、結婚生活に固執せず、子どもの幸せのために、離婚の決意も厭わなくなります。

こうした浮気による離婚をどうすれば回避できるのでしょうか？　齊藤氏は褒めることの重要性を説きます。

「男性も恋愛中は、女性の気を引こうとして褒めますが、本来は褒めることが苦手なため、結婚した途端にあまり褒めなくなります。交際中は男性もおしゃべりになりますが、結婚すると、家庭であまり話さなくなる男性も多いのではないでしょうか？　その変化に妻から〝変わったわね〟と言われた経験のある男性もいるかもしれません。

日頃から、女性を褒め、承認欲求を満たすことで、気持ちが離れていくことを減らすことができます。もし、それも苦手なら、妻の話にあいづちくらいは打てるでしょう。〝へぇ〟とか〝すごいね〟とか、あいづちを打つことは、話を聞いている合図になりますし、相手を承認することになります」（齊藤氏）

浮気をめぐる夫婦のズレに関する学び

- 生物学的に見れば、男性も女性も子孫を残そうとする本能がある
- 女性の場合、自分の子孫を残そうとするとき、多くの男性と付き合ったとしても、産める子どもの数は限られる
- 現代の女性が男性に“経済力”を求めるのは、お金が自分たちを守ってくれる力になると考えているから
- 自分が本命なのか、果たして男性の愛情が本物なのか、確認しようと試みている
- 女性を家の中に閉じ込め、自分の帰りを待っている状態にすることで得られる安心感への期待
- 女性は会話をしながら、情報を集めるコミュニケーションが中心
- 女性は言葉だけでなく、表情や仕草から、常に情報を収集している
- 女性は、言語が発達していない子どもを育てるために察する能力が高まったと言われている
- 女性は男性の浮気に気づいても、嘘であってほしいという願望から、とがめずに泳がせようとする
- 女性を褒め、承認欲求を満たしてあげる
- あいづちを打つことで、話を聞いている合図になるし、相手を承認することにもなる

06 呼び名をめぐる夫婦のズレ

私のこと〝ママ〟って呼ぶけど、あなたのママじゃないから！

ママではあるんだし、別にいいじゃない！

名前で呼び合う夫婦もいれば、子どもができてからはパパ、ママと役割で呼ぶ家庭もあるでしょう。何気ない呼びかけでも、不満を感じる原因となります。呼び名をめぐる心理状態を明らかにします。

ひなこが生まれる前は
太郎ちゃん
いっちゃん
とお互いに名前で呼び合っていた二人
しかし
バブー
ひなこが「ママ」としゃべれるようになってからは
ママーー
ママーー
ママー あれどこやったっけ
ママ いってきまーす
ママ こないだのさー
ママーー
……
つい市子のことをママと呼ぶ機会が増えた太郎だった
そんなある日
ママ〜

どうしたの？ひな
おやつちょーだい
おやつ？
ちょっと待っててね
ママ〜
コーヒーいれて〜
コポポ。。。
はいコーヒー
あ ありがと

私
あなたのママじゃないんですけどね～
つーん
へ？
…あ
だ…だっていっちゃんって呼ぶとひなこが真似するじゃん
こないだだって…
ママー
ママー
いっちゃん
ひなこ呼んでるよ
んー？なに？
いっちゃん

あー
ちがうよ
「ママ」でしょ?
ひな~
いっちゃん
いっちゃん
それから
しばらく…
お世話に
なりました一
ひよこ保育園
おかえり
なさーい
ひなちゃん
ママでしょ
いっちゃん
太郎実家
太郎母
いっちゃん
あら市子さん
名前で
呼ばせてるの?
あっいえ
違うんです
その…
いっちゃん
いっちゃん
いっちゃん
——ってことが
あったじゃん
……
つーん
ぱりぱり

私は太郎ちゃんのママじゃないのよ！
紛らわしいし、ひなこの前では別にいいじゃない！
ちゃんと名前で呼んでほしいの！
ママはママなんだから、それでいいじゃないか！

06 呼び名をめぐる夫婦のズレ

妻 私のこと〝ママ〟って呼ぶけど、あなたのママじゃないから！

夫 ママではあるんだし、別にいいじゃない！

夫婦間で、お互いをどのように呼び合っているでしょうか？　名前（ファーストネーム）で呼んでいるという家庭もあれば、付き合っていた頃からのあだ名を、結婚後もそのまま使っている夫婦もいるかもしれません。また、子どもがいる家庭の場合には、パパやママといった役割で呼び合うケースもあると思います。たかが呼び方と思う人もいるかもしれませんが、実はこうした呼び名が夫婦関係に影響を及ぼすことがわかっています。

その理由に触れる前に、まずはどんな呼び方が一般的なのか、リクルート ブライダル総研が行ったアンケート調査を見てみましょう。「夫婦関係調査2011」の中に、結婚経験者に「普段の配偶者の呼び方」を尋ねた項目があります。男性の回答では「名前や名前にちなんだニックネーム」という回答が最も多く、半数を占めました。続いて「お母さん・ママ・おかあちゃんなど」という役割で呼ぶ人が約3割、以下、「おい・ねえ」が1割、「あなた・おまえ」が4％、そして「名前以外のニックネーム」が約3％という結果でした。

同様の質問は女性にも行っているのですが、男性と同様に「名前や名前にちなんだニックネーム」という回答が約47％で最も多く、「お父さん・パパ・おとうちゃんなど」が約38％、以下、「名前以外のニックネーム」が約6％、「あなた・おまえ」が約4％、そして「呼ばない」という回答も約3％ありました。

これらは20代から60代までの幅広い年齢層にアンケートを行った結果なのですが、男性も女性も、年代によって回答が大きく異なるという特徴が見られます。20代では「名前や名前にちなんだニックネーム」が男性の約80％、女性の75％と大半を占めたのですが、40代、50代、60代の男性になると「お母さん・ママ・おかあちゃんなど」という回答が最も多くなります。女性でも同様に50代と60代では、「お父さん、パパ、おとうちゃんなど」という〝役割〟で呼ぶ人が、最も多くなっています。

職場や学校などのコミュニティでは個人が希薄になる日本社会

こうした夫が妻を「お母さん・ママ・おかあちゃん」、そして妻が夫を「お父さん・パパ・おとうちゃん」と〝役割〟で呼ぶことは、日本社会で古くから行われてきたと、齊藤氏は指摘します。

「子どもが生まれると、それまでは名前で呼び合っていても、お互いにパパ、ママと呼びはじめる家庭が増えますが、こうした役割で人を呼ぶ風習は日本社会では古くから行われてきました。たとえば職場でも上司を呼ぶ際には、名前を使わずに、〝部長〟や

〝課長〟などと役職で主に呼びかけます。同様に学校でも〝先生〟と呼びかけるのが、一般的になっています。

伝統的な日本社会では、職場や学校といったコミュニティの中で、独立した〝○○さん〟という個人は希薄な存在で役割関係が重視されてきたのが、その理由だと考えられます。組織の中では個人が独立しておらず、各自の役割により人間関係が構築されていたのです。英語圏ではＩやＹｏｕなど常に主語をつけて会話をしますが、これは個人が独立している証しとも言うことができるのではないでしょうか。主語を省略する文化を持つ日本とは異なります」（齊藤氏）

個人を優先する欧米とは異なり、組織やコミュニティの中では役割が優先されるのが、日本社会だというわけです。もちろん、その場に複数の関係者がいれば、混乱を避けるために「○○部長」「○○先生」と〝名前＋役職〟で呼ぶこともありますが、役職を抜いて呼びかけることはほとんどないでしょう。あえて、関係性をフラットにして何でも言い合える雰囲気にしようと、名前だけでコミュニケーションすることを推奨する企業もありますが、裏を返せば、役職での呼びかけが広く定着していることを指しています。

ママと役割で呼ばれるより名前のほうが女性の満足度は高い

さらに、リクルート ブライダル総研の「夫婦関係調査2011」では、普段の呼び方別に、夫婦関係に満足しているかも尋ねています。その結果を見ると、男女ともに、「お父さん・パパ・おとうちゃんなど」や「お母さん・ママ・おかあちゃんなど」と役割で呼ぶよりも、**「名前やニックネーム」で呼ぶほうが満足度は高い**ことがわかっています。「名前やニックネーム」で呼ぶほうが満足度は高いという、このアンケート結果を裏付ける科学的データもあります。

ポーラ化成工業の研究によると、女性は名前で呼ばれると、別名「愛情ホルモン」というホルモンのオキシトシンが増加することがわかっています。実験では、普段、名前で呼ばれていない女性に対して、初対面の人間が名前で呼びかけました。すると、オキシトシンが増加し、さらにストレスホルモンと呼ばれるコルチゾールの減少を確認したと言います。**オキシトシンは出産や母乳の分泌を促進する働きをするホルモンとして知**

られており、近年では親しい間柄でのボディタッチなどでも増加することが確認されています。そのため、愛情や信頼に関係するホルモンだと考えられています。

結婚・出産・育児でキャリアが途絶える女性ならではの悩み

では、続いて冒頭の漫画で触れた、いっちゃんが「私あなたのママじゃないんですけどね」と太郎ちゃんの呼びかけに、不満を感じている理由について考えてみましょう。前出の東氏は女性の心理をこう分析します。

「結婚すると女性が男性の姓を名乗るのが、一般的になっていて、結婚後は新たな姓を名乗ることになります。それでも、そのまま同じ会社に勤務していれば、旧姓を名乗ることも可能ですし、そうしなくても人間関係には変わりはなく、従来通り、仕事をしていくことができるでしょう。ただ、子どもを産むと少し事情が変化します。育児休暇を取得して、しばらく仕事を休む必要があり、中にはこれを機に退職する人もいるでしょう。すると、**旧姓だった頃の人生から完全に切り離されてしまい、極端に言えば、それまでの人生が一度リセットされたような気持ち**になります。

そして、子どもが保育園や幼稚園に行けば、〇〇ちゃんのママと〝役割〟で呼ばれることが増えていきます。**次第に名前で呼ばれる機会が減っていき、〝自分〟という存在がなくなっていくような感情を抱く**女性がいます。そこへ追い討ちをかけるように、夫からママと呼ばれたことで、苛立ちを感じ、不満が爆発したのではないでしょうか？」(東氏)

男性の場合、家庭でパパやお父さんと役割で呼ばれていたとしても、結婚によって名字を変えないため、仕事に行けば、いままでの自分のままでいられます。自分の存在を問い直す必要もありません。だから、たとえ役割で呼ばれたとしても、気にも留めず、不満を感じません。**男性と女性では、役割で呼ばれることへの受け取り方が違う**わけです。

「一般的に男性は子どもが生まれても、キャリアに影響はありません。一方で、女性は出産して復職する方も多いですが、M字形に一度、キャリアが落ち込んでしまいます。

そのことへの焦りを感じることもあるでしょう。出産によって、キャリアを手放したと感じる女性もいます。男性をうらやましく思う感情から、夫に対して不満を持つ。子育てでも、時間を使っているのは私のほうだという意識もある。そこへ来て、子どもが生まれてから、夫からママ、ママって言われたら、あなたのママじゃないわって気持ちにもなるでしょう」と、東氏は続けます。この意見には、東北大学の神谷氏も同意します。

いままでの自分が消えアイデンティティが喪失する

「親になったことで、○○ちゃんのママと呼ばれるようになりますが、それは事実ですし、当初は気に留めることはないでしょう。ただ、その呼び方だけで、ずっと呼ばれるようになっていくと、まるで自分がいなくなったかのような感覚に陥ります。**いままでの自分がどこかに消えてしまったようなアイデンティティの喪失を感じる**わけです。専業主婦と働く女性とのストレスを比較したアンケートでは、一般的に働いている女性のほうが、時間がない中で家事にも追われるため、強いストレスを抱えていると思いがちですが、専業主婦のほうがストレスは高いという調査結果もあります。

仕事をしているときは自分の名前で呼ばれ、ひとりの大人として会話をすることで、社会の中で自分を位置付けることができます。一方、**子育てに専念していると、赤ちゃんとママ友だけのコミュニティで関係性を築いていくことになりがち**です。すると個人として見られず、ママという役割で付き合う関係が続くため、自分が自分として認められる場所が欲しいと、復職を願う女性もいます。とくに夫の転勤についていき、そこで子育てをする場合には、職場や地元との関係が切れ、周囲に知り合いもいなくなってしまうため、強いストレスを抱えることになります」（神谷氏）

また、精神科医のゆうき氏は、互いの心情をこう分析します。

「ママと呼ばれることに嫌悪感を覚える女性には**〝頼られることが不安〟という思いや、〝相手の世話係のように感じる〟**という二つの面が考えられます。さらに**妻には夫に、女性扱いをしてほしい、という思いが強くある**ように思えます。夫は〝ママ〟という呼び名をおそらく気軽に使っているのでしょう。家族として一体感が出ていいだろう

といった程度の気持ちから、ママと呼びがちで、そこに悪気やネガティブな意味はないでしょう」（ゆうき氏）

どうしてママと呼ばれることが不満なのか、男性はなかなか気づかないというわけです。

主張や不満をぶつけるのではなく、どうしてほしいかのリクエストを加える

では、ママと呼ばれることに対して違和感を感じる女性にどう対処していけばよいのでしょうか？　まず女性は不満を表明するときにはIメッセージを使って「私のことをこう呼んでほしい」と具体的なリクエストをすると自分の気持ちをまっすぐに伝えることができますと、東氏は指摘します。

「男性はこうした問題に無頓着です。だから、なぜ妻が怒っているのか理解できないでしょう。〝子どもが生まれてから、カミさんは怒ってばかり〟と、周囲に大げさに語ることで、ママと呼ばれたことに不満を漏らした側が、かえって悪者になってしまう可能性があります。だから、〝私はあなたのママではないので名前で呼んでほしい〟と、ただ怒るのではなく、こうしてほしいというリクエストもあわせて伝えるとよいでしょう。ただ嫌だという感情だけをぶつけてしまうと、軋轢を生むだけで、男性を〝じゃあ、どうしたらいいの？〟と困惑させることになります」（東氏）

男性側からなんて呼んでほしい？と希望を聞くのもよいと、ゆうき氏は語ります。

「〝じゃあ、どうしたい？〟と希望を確認するのは大切なポイントです。また、夫婦が長い間、いい関係を築いていくためには、どうしても許せないことや、ネガティブに感じることがあったら、お互いに我慢せず、ときにはそれを口に出すことも必要です。ただし、どんな言葉を口にするかは、慎重に考えなければいけません。感情をそのまま言葉にしてしまうと、相手を不用意に傷つけてしまう可能性があります。一つアドバイスをするなら、大事なのは〝Iメッセージ〟です。『私は、ママって呼ばれるのが辛いんだよね』『私は名前で呼んでくれたら嬉しいな』といった具合に、『私は〜と思う』と、常に主語を自分にするのが、〝Iメッセージ〟です。こうすることで、自分の気持ちを

よりスムーズに伝えることができます」（ゆうき氏）

反対に使ってはいけないのが〝Ｙｏｕメッセージ〟だと、ゆうき氏は言います。〝Ｙｏｕメッセージ〟とは、「あなたのそれはおかしい」「あなたのこんなやり方は間違ってる！」「あなたそれでも夫なの？」と、「あなた」を主語にした話し方です。

「感情が高ぶってくると、Ｙｏｕメッセージをつい使ってしまいがちですが、相手のことを強く否定する言葉になってしまいます。それではあなたの本当の気持ちがまったく伝わりません」（ゆうき氏）

不満をきちんと伝えつつ、具体的な解決策を提示することで、男性も気をつけてくれるようになるというわけです。

呼び名をめぐる夫婦のズレに関する学び

- 役割で人を呼ぶ風習は日本社会では古くから行われてきた
- 職場や学校といったコミュニティの中で、個人は希薄な存在
- 役割で呼ぶよりも、「名前やニックネーム」で呼ぶほうが満足度は高い
- 出産や母乳の分泌を促進する働きをする「オキシトシン」は親しい間柄のボディタッチでも増加する「幸せホルモン」
- 旧姓だった頃の人生から切り離され、人生が一度リセットされたような気持ちに
- 名前で呼ばれる機会が減っていき、“自分”という存在がなくなっていくような感情を抱く女性
- ママと呼ばれることに嫌悪感を覚える女性は“頼られることが不安”&“相手の世話係のように感じる”
- 女性には男性に、女性扱いをしてほしい、という思いが強くある
- “私はあなたのママではないので名前で呼んでほしい”と怒るのではなく、こうしてほしいとリクエストもあわせて伝える
- “じゃあ、どうしたい？”と希望を確認するのは大切なポイント
- 「私は〜と思う」と、常に主語を自分にする“Ｉメッセージ”
- 感情が高ぶってくると、Youメッセージをつい使ってしまいがちで、相手のことを強く否定する言葉になってしまう

07 育児をめぐる夫婦のズレ

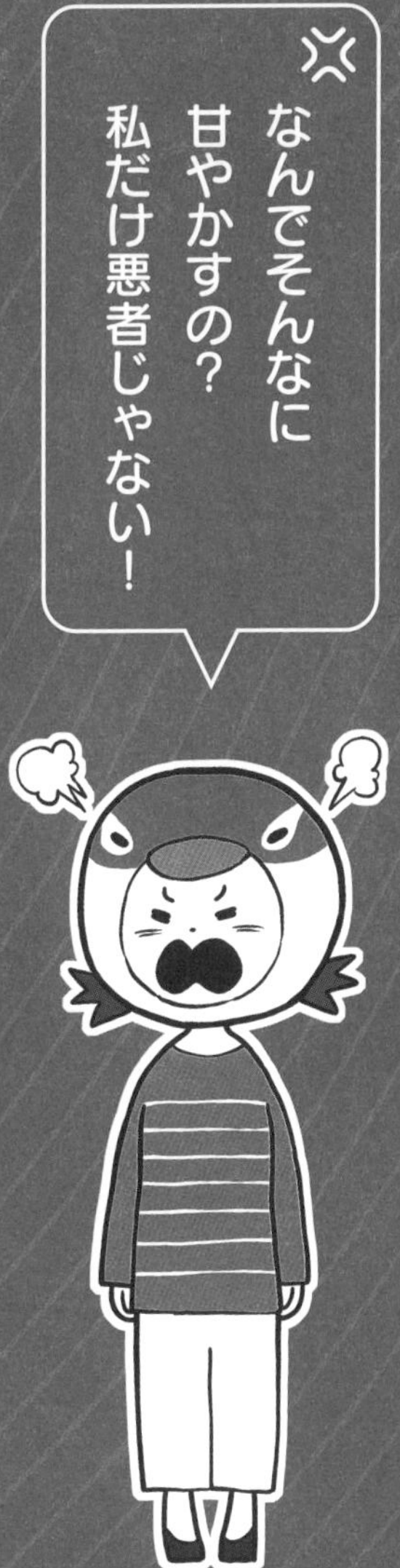
なんでそんなに甘やかすの？私だけ悪者じゃない！

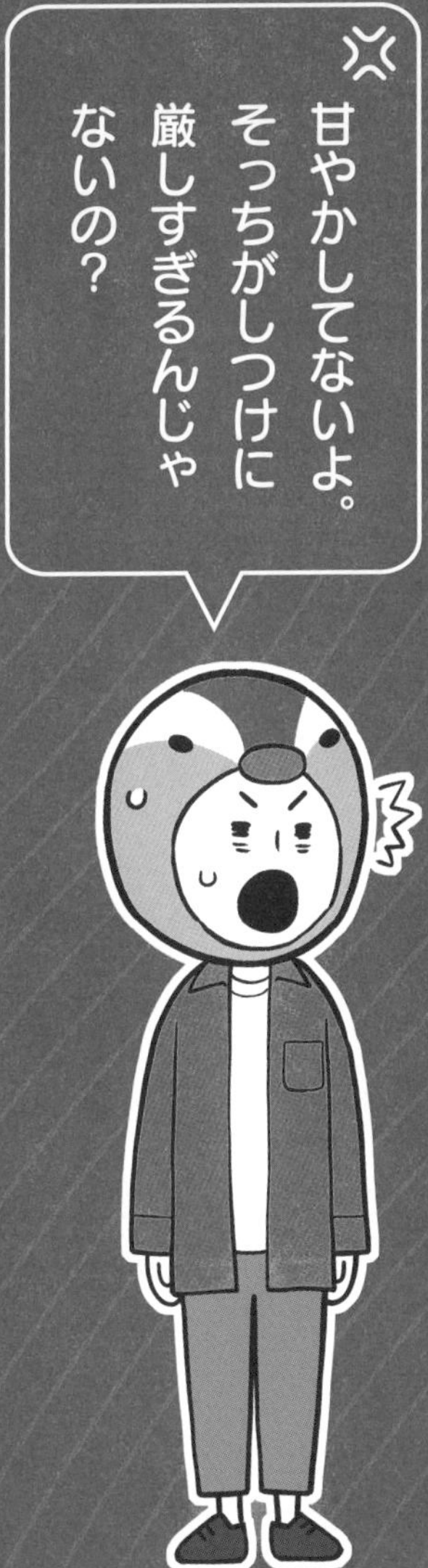
甘やかしてないよ。そっちがしつけに厳しすぎるんじゃないの？

子どもに対する接し方や考え方は、自身が育った環境が大きく影響します。そのため、育児の態度をめぐって意見が分かれることも。育児をめぐってズレが生じる原因や、トラブルを回避する方法を考えます。

ひなこが生まれてから
市子が同性である娘にきつくあたっていると感じている太郎
反対に
太郎がひなこに甘すぎると感じている市子
しかも
しつけなのに叱っている私がいつも悪者扱い
と不満をもっている市子だった
対する太郎は
しつけとはいえ怒鳴る必要はないじゃん
と考えている
でもそれでは言うことを聞かないと子どもといる時間の長い市子はたまにしか育児に参加しない太郎との温度差を感じている
LaLa Bird

キャー
ビターン!
ダダダダダ
ガッ
ギャ～
ひな!
泣かない!
立って!
だいじょうぶ?
いたかったねー
ギャー
よし
よし
おやつ
コーナー
キ
ギュッ

買わないよ！
こないだ買ってあげたでしょ！
ワナ ワナ
ひょいっ
シー
あー！ パンダさん！
さわらない！

まあまあ
さわるくらい いいでしょ
……
それで 終わるならね
パシャ
パシャ
じゃあ 行こうか
や
もういい でしょ?
いや!
まだいる!
ヤダー
ひなちゃんっ
ヤーダー
ギャー
いやだー
フッ フッ フッ
ホレ みたことか

もっとちゃんと育児してよ。
私ばかり悪者じゃない！
別に怒るほどのことじゃ
ないでしょ！
そうやって甘やかすから
いけないのよ！
別に甘やかしてるわけじゃないよ！
そっちが厳しすぎなんじゃないの？

07 育児をめぐる夫婦のズレ

妻 なんでそんなに甘やかすの？ 私だけ悪者じゃない！

夫 甘やかしてないよ。そっちがしつけに厳しすぎるんじゃないの？

毎日、育児に追われていると、つい子どもの行いに声を荒らげてしまうことがあるでしょう。とくにワンオペでの家事・育児を強いられていると、こなすべきことが多すぎるため、精神的にも余裕がなくなり、イライラが募っていきます。あとで冷静になり、どうしてあんな態度を取ってしまったんだろうと、後悔の念に襲われます。一方で、週末しか育児に関わっていない夫は、何があってもほとんど怒らず、対照的な態度になっている。そんな光景に気づき、なんだか私だけが叱り役で、悪者になっているような気がする……、と、育児の不満を男性に向けたくなる女性もいるのではないでしょうか？

冒頭の漫画での〝太郎ちゃん〟は、娘のひなこにきつくあたる〝いっちゃん〟の態度に違和感を持つようになりました。対する〝いっちゃん〟にとっては、日常のしつけにすぎず、きつくあたっているとは考えていません。むしろ、〝太郎ちゃん〟のひなこに対する言動が甘すぎると不満を持っている様子が描かれています。その背景にある、父親と母親が子どもと一緒に過ごす時間の長さの違いにも言及しています。

実際に家庭内で女性が主にしつけを担当していることを裏付ける、こんなデータがあります。国立女性教育会館が発表する『家庭教育に関する国際比較調査報告書』は、家庭内のしつけを誰がしているかを調査し、国際比較を行っています。日本、タイ、アメリカ、韓国、フランス、スウェーデンの家庭を対象にアンケート調査を行った結果なのですが、「主に母親がする」との回答の割合が40％を超えていた国は、日本とタイだけでした。しかも、タイよりも、その割合が大きかったのが日本でした。その他の韓国、アメリカ、フランス、スウェーデンでは「父親、母親の両方がする」という回答が上回るなど、家庭での役割について違いが見られました。

また、厚生労働省の「全国家庭児童調査」では、子どもたちに「父母のしつけについてどう思っていますか？」と尋ねたところ、父親については「厳しいとも、甘いとも〝どちらとも言えない〟」という回答が多かったのに対して、母親については「やや厳しいと思う」といった回答が最も多く見られました。子どもたちも母親のほうがしつけに厳しいと感じており、〝私だけが悪者になっているのではないか〟という女性たちの印象も、あながち間違っていないことになります。東北大学の神谷氏は、母親のしつけが厳しくなりがちな傾向をこう分析します。

母親のほうが子育てに割く時間が長く問題行動が目に付いてしまう

「父親と母親のどちらが口うるさくなるかは、性格や育ってきた環境にもよると思いますが、一般的に考えると、女性のほうが、子どもと接している時間が長いため、その分、注意すべき行動が目に付いたり、子どもにはこう育ってほしいという願望が出てくるのではないでしょうか？

日本の家庭では、母親のほうが主体的な教育者だという実情があると思います。日々子どもと接している自分が責任を持って導かないといけないのでは？という思いや自負があるのでしょう。一方で、父親は日中、一緒にいられないケースがほとんどで、しつけに関しては母親に任せており、自分は子どもとの時間を楽しもうとする意識が働いているのではないでしょうか？」（神谷氏）

親は子どもをしつけようとしますが、同時に子どもも親の言動や態度を見ながら、学んでいきます。**「モデリング」と呼ばれる行動で、親を見本にして同じようにふるまいながら、成長していきます**。また、子育てをする女性の心境を子育て心理学協会の代表理事も務める東氏は、こう解説します。

「あくまで一般論ですが、子育てにおいて、母親は娘に厳しくなりがちです。自分と同じ性の女の子が生まれると、**子どもと自分はまったく別の人格だと頭では理解しているつもりでも、つい自分と重ねてしまいます**。そして、同じ年齢で自分も同じことができていたのか、覚えていないはずなのに、〝私だって教えられてきたのだから、あなただってできるはず〟、あるいは、〝これくらいのことはできて当たり前だ〟と要求する水準が高くなりがちです。人間はできたことよりも、できなかったことに目が行きがちだからです。

そのため、行儀の悪いふるまいや、言動を見ると、〝なんでちゃんとできないの？〟とイライラが募っていく原因にもなります」（東氏）

〝注意〟をベースにした接し方が厳しい口調や態度に発展する

できないことを見つけると、怒ることで矯正させようとする親が多いのですが、子どもは怒られたから、あるいは母親が怖いから、一時的に正しているにすぎません。なぜやってはいけない行動なのか、理由がわかっているわけではありません。だから、そのうち怒られることに慣れ、より強く叱らないと子どもは正さなくなっていくわけです。すると、叱り方もエスカレートしていきます。また、子どもの年齢が上がっていくと、高圧的な態度ではまったく言うことを聞かなくなっていくでしょう。

「〝なんでわからないの？　何回も言ったでしょう〟と、注意をベースにしていると、どんどん高圧的になっていきます。ただ、一概にそのような親を責めることはできません。子育ては学校で教えてくれるものでもありませんし、正解もありません。だから、自分が親から受けてきた教育方針が唯一の手がかりになり、それを拠り所にしがちです。怒ることが不適切だと思っていたとしても、問題行動があったら怒って正すというパターンが身についているので、とっさの場面ではそれが出てしまいます」（東氏）

精神科医の水島氏は自身の子育て経験をもとに、こう指摘します。

「子育てをしていると、それが自分の成績表だと思ってしまいがちです。子どもが公共の場で走り回れば、母親としての自分の出来が問われてしまうのでは？という危惧があるわけです。ただ本来、子どもは広い空間に行くと、解放感から走り回りたくなるものです。特別な行動ではないでしょう。それでも以前なら、目に余る行動を子育て経験のある地域の人が〝走ったらダメだよ〟と一緒になって注意してくれたのですが、最近はとにかく親のせいにしたがります。そのプレッシャーは非常に強く、親としての務めが果たせていない自分はダメな親だと自責の念にかられてしまう人も多いのです」（水島氏）

子育ての方針をめぐって夫婦で揉めないコツとは？

子育てについてどんな方針を持っているのか、結婚前に相手の考え方を把握するのは、なかなか難しいでしょう。子どもが生まれたら、どんな親になるか自分自身でも想像できないと思います。そのため、育児がはじまってから、お互いの考えをすり合わせたり、歩み寄ることが大切になります。では、具体的にどのような方法があるのでしょうか？　**一番やってはいけないのは、「そんな言い方で叱ったらダメだよ！」と男性が女性を注意すること**だと水島氏は言います。

「なぜ、自分が悪者になっているのか。その理由の一端として〝あなたは子どもの面倒を見ないで仕事ばかりしているからでしょう！〟という思いが妻にはあるはずです。**男性は、その思いを汲み取ろうとせず、上から目線で注意しようとしがち**です。〝もうちょっとゆったり構えろよ〟とか、平気で言う人がいますが、ゆったり構えられない理

由があるわけです。でも、男性は何事も〝解決したがり〟ますよね」（水島氏）

女性は育児にかけている時間を否定されたように感じて、気持ちに寄り添ってくれない夫に不満を募らせることになるわけです。

「〝まずはリラックスしろ〟と言っても、できるならとっくにそうしているはずです。無責任な発言はせずに、本来なら楽しく子育てしたいはずの妻がどうしてあんなにガミガミと子どもを怒っているのだろう。どういう精神状態なのかと、気持ちを聞き出してみるところから、はじめないといけません。ひょっとしたら、悩みを聞いてあげるだけで、気持ちが楽になるかもしれません。どんな女性もできることなら機嫌よく、優しいお母さんとして、できるだけ子どもと一緒にいたいわけです。

その気持ちに寄り添わず、〝そんなに育児がストレスなら仕事に復帰すれば？〟と言っても、うまくいくはずがありません。いろいろと話し合った結果として、本人が〝仕事をしていたほうが機嫌よくいられるかもしれない〟と言うのなら協力をすればよいでしょう。真っ先にその結論を持ってきても意味がないでしょう」（水島氏）

こうした男性のアプローチに東氏も否定的です。

「夫から〝お前が怒りすぎるからなんだよ〟と、指摘されると腹立たしく感じ、〝じゃあ、あなたがしつけをやってみればいいじゃない！〟と反発したくなるはずです。自分でダメだと自覚していても、それを軽々しく言われると、素直に受け入れることができません。それで、次第に夫婦喧嘩に発展していきます。最初は、子どものしつけ方について話をしていたはずなのに、気がついたらお互いの不満をぶつけ合っているというのは、よくある喧嘩のパターンです」（東氏）

また、女性もこうしなければという子育てに対する呪縛から逃れる必要があると水島氏は言います。

「子どもと一緒にいて、ネガティブな気持ちになるなら〝預けどき〟だと思います。私も働きながら、子育てをしてきましたが、時間が割けないこと、できないことは全部、保育園に任せていました。その代わり、自宅では子どもたちをとにかく可愛がりました。それが母親にしかできないことだからです。他の人でもできる子育ては、他の人に任せようと決めたことが結果的に良かったんだと思います。保育園でも、〝みんな〟大切だよということは教えてくれますが、〝あなた〟が大切という愛情は、家庭でなければできません」（水島氏）

すべてを引き受けてしまうことで、余裕がなくなり、声を荒らげる原因になるくらいなら、割り切って、他人に頼ることも必要というわけです。また、育児への考え方が偏らないよう、子どもがさまざまな大人と接する機会を増やしては?と、東北大学の神谷氏は提言します。

「お父さん、お母さんが育児に頑張りすぎな面もあるように思います。家庭の中だけで育児をしていると、夫婦二人の価値観でしか育たず、価値観が衝突する原因になります。できるだけ、たくさんの大人と関わる機会を持つことで、そこから子どもたちが勝手に学んでいく環境を作ることも大切です。

いまの子育て世代は、母親が専業主婦だった家庭で育った人も多いでしょう。すると、主に母親の影響を受けて育ちます。子育ての仕方も一つの方法しか学んできていません。だから、自分はこう育てられたという一つの体験だけを頼りに、しつけをしようとします。それでうまくいけばいいのですが、うまくいかなかったときにお手上げ状態になってしまいます。本来はいろいろな価値観を持つ大人がいて、子育ての仕方も多様です。怒鳴って叱りつける人もいれば、抱きしめながら諭してくれる人もいるでしょう。一つの教科書で、育児をしようとするから、バリエーションや引き出しが少なくな

るのです」（神谷氏）

団地や社宅があり、地域で子育てしていた時代には、さまざまな大人と関わる機会が自然とありました。近所のおじさんから怒られたり、友だちの親から注意されることもありました。都市部ではそういう環境がなくなってきたとはいえ、休日に知人と家族ぐるみで遊びに行くなど、環境を整えることは不可能ではありません。

「私たちが子どもの頃は、学校から帰ってくると、気軽に友だちの家に遊びに行ったでしょう。でも、いまはお母さん同士がやりとりをして、〝じゃあ、この日は○○さんの家で遊ぼう〟と、子ども同士が遊ぶときにも親がすべてお膳立てをしなければいけない時代です。だから、親が意識的に大人と接する場を設ける必要があると思います。ただ、その親同士のコミュニケーションが現代では難しい面もあるのですが」（神谷氏）

育児をめぐる夫婦のズレに関する学び

- 「モデリング」と呼ばれる行動で、見本として同じようにふるまいながら、成長していく
- 子どもと自分はまったく別の人格だと頭では理解しているつもりでも、自分と重ねてしまう
- 子どもに対して、“注意”をベースにした接し方をしがちな親が多いのも、態度が厳しく見える要因
- 自分が親から受けてきた教育方針が唯一の手がかりになり、それを拠り所にしがち
- 子育てをしていると、それが自分の成績表だと思ってしまいがち
- 一番やってはいけないのは、「そんな言い方で叱ったらダメだよ！」と男性が女性を注意すること
- 男性は、妻の思いを汲み取ろうとせず、上から目線で注意しようとする
- 男性は何事も“解決したがる”
- どういう精神状態なのか、気持ちを聞き出してみるところからはじめる
- 悩みを聞いてあげるだけで、気持ちが楽になるかもしれない
- 保育園でも“みんな”大切だよということは教えてくれるが、“あなた”が大切という愛情は、家庭でなければできない
- できるだけ、大人と関わる機会を持つことで、そこから子どもたちが勝手に学んでいく環境を作る

おわりに

本書を最後までお読みいただき、ありがとうございます。

当たり前のことですが、自分の主張や考えを押し付けていると、良好な夫婦関係を保っていくことはできません。新婚当初は愛情でごまかせても、日常が続くうちに破綻してしまいます。慌ただしい生活で、感謝や相手を思いやる気持ちが薄らいでいくこともあるでしょう。夫婦になり関係が濃密になったことで、言わなくてもわかってほしい、わかるはずだと、丁寧なコミュニケーションを怠りがちになることだってあります。その結果、少しずつ歪みが生まれていくことになります。

毎日、顔を合わせる近しい相手だからこそ、何を考えているのか、察し、気持ちを汲み取ることが大切になります。そして、言葉にして思いを伝える必要があります。長年連れ添った老夫婦の阿吽の呼吸も、多くの齟齬や喧嘩を乗り越えた先に得られるものではないでしょうか？

なぜ怒っているのか？　どうして不満げな態度なのか？　気づかないうちに相手を傷つけてしまうこともあります。怒りが爆発して、理性を失う前に歩み寄り、対処することが大切です。

そんな夫婦生活でトラブルに発展しそうな代表的なテーマを取り上げ、心理学の専門家の方々と精神分析や対処法を考えたのが本書です。人によって、夫婦関係によって分析が必ずしも当てはまらないケースもあると思います。暮らしてみなければわからないこともたくさんあり、一つの正解があるわけではないからです。

ただし、絡み合った感情の糸を解きほぐすための、一つのヒントになってくれたらと思っています。相手の気持ちがわからない。どう対処したらいいのかわからない。怒りに任せて夫婦関係を壊してしまう前に、専門家たちの英知をアドバイスとして参考にしていただければ幸いです。

二人にとって心地よい関係がいつまでも続いていくことを願っています。

２０２０年11月10日

◎参考文献

■『セックスレスの精神医学』（筑摩書房／著・阿部輝夫）
■『なぜ夫は何もしないのか なぜ妻は理由もなく怒るのか』（左右社／著・高草木陽光）
■『うまくいく夫婦、ダメになる夫婦」の心理』（PHP 研究所／著・加藤諦三）
■『知的生きかた文庫　結婚の心理』（三笠書房／著・國分康孝）
■『察しない男　説明しない女　男に通じる話し方　女に伝わる話し方』
（ディスカヴァー・トゥエンティワン／著・五百田達成）
■『ベスト・パートナーになるために』（三笠書房／著・ジョングレイ／訳・大島渚）
■『離婚の心理学　パートナーを失う原因とその対処』（ナカニシヤ出版／著・加藤司）
■『男と女のアドラー心理学』（青春出版社／著・岩井俊憲）
■『なぜ男と女は４年で嫌になるのか』（幻冬舎／著・姫野友美）、
■『女の機嫌の直し方』（集英社インターナショナル／著・黒川伊保子）
■『夫婦脳　夫心と妻心は、なぜこうも相容れないのか』（新潮社／著・黒川伊保子）
■『女は男のどこを見ているか』（筑摩書房／著・岩月謙司）
■『この人と結婚していいの？　Are you ready?』（岳陽舎／著・石井希尚）
■『図解雑学シリーズ　恋愛心理学』（ナツメ社／著・齊藤勇）
■『面白いほどよくわかる！「男」がわかる心理学』（西東社／監修・齋藤勇）
■『面白いほどよくわかる！「女」がわかる心理学』（西東社／監修・齋藤勇）
■『男と女の心理学入門』（かんき出版／著・齋藤勇）
■『女にいらだつ男　男にあきれる女』（扶桑社／著・伊東明）
■『話を聞かない男、地図が読めない女　男脳・女脳が謎を解く』
（主婦の友社／著・アランピーズ、バーバラピーズ／訳・藤井留美）
■『なぜ妻は、夫のやることなすこと気に食わないのか　エイリアン妻と共生するための15 の戦略』（幻冬舎／著・石蔵文信）
■『マンガでわかる！ 心理学超入門』（西東社／著・ゆうきゆう）
■『対人関係療法で改善する 夫婦・パートナー関係』（創元社／著・水島広子）
■「親になることにともなう夫婦関係の変化」
小野寺敦子、発達心理学研究、2005 年、第 16 巻、第 1 号、15-25
■「結婚生活の経過による妻の夫婦関係満足度の変化」
永井暁子、社会福祉、2011 年、第 52 号
■「育児期夫婦における家計の収入管理に関する夫婦間相互調整」
神谷哲司、東北大学大学院教育学研究科研究年報、第 58 集・第 2 号、2010 年
■「共働き世帯の家計分担」ニッセイ基礎研究所、久我尚子、2019 年

◎監修者プロフィール

水島 広子

精神科医

摂食障害や思春期前後の問題、家族の病理などが専門。「対人関係療法」の日本における第一人者。現在、アティテューディナル・ヒーリング・ジャパン（AHJ）代表、対人関係療法専門クリニック院長などを務める。著書に『女子の人間関係』（サンクチュアリ出版）など。

齊藤 勇

立正大学名誉教授

心理学者。主に対人関係の分野を専門とし、著書も『男と女の心理学入門』（かんき出版）、『面白いほどよくわかる！「男」がわかる心理学』（西東社）、『イラストレート心理学入門』（誠信書房）など多数。日本ビジネス心理学会会長や日本あいづち協会理事長も兼任。

神谷 哲司

東北大学大学院教育学研究科・教育学部准教授、公認心理師、臨床発達心理士

東北大学大学院教育学研究科博士後期課程修了。博士（教育学）。鳥取大学地域学部准教授などを経て、2009年より現職。「育児期家族における親・夫婦の発達」「家族システム論」などが研究テーマ。共著に『子ども家庭支援の心理学』（建帛社）、『夫と妻の生涯発達心理学』（福村出版）。

ゆうき ゆう

ゆうメンタルクリニック院長

精神科医・漫画原作者。2008年に「ゆうメンタルクリニック」を開院。医師業のかたわら漫画原作者としても活躍し、『マンガで分かる心療内科』（少年画報社）シリーズなど、100冊以上の書籍を刊行している。

阿部 輝夫

あべメンタルクリニック院長

医学博士。1996年「あべメンタルクリニック」を開業し、院長に。日本でも数少ないセクシュアリティを専門とする臨床精神科医で、1991年に「セックスレス」という言葉を初めて使い、学会で定義した。著書に『セックスレスの精神医学』（筑摩書房）などがある。

東 ちひろ

子育て心理学協会代表理事

幼稚園講師や小学校教諭、中学校相談員などを経て子育て心理学協会代表理事に。心理学とコーチングを使った独自のアプローチ方法で、お母さんのための子育て電話相談を行っている。著書に『母親としての悩みを解決！「ママ先生の子育て」がうまくいく45のヒント』（メイツ出版）など。

結婚5年目の心理学

2020年11月10日　初版第1刷発行

編集　マルコ社
執筆　verb
デザイン　小山悠太
漫画制作　REALIZE
校正　ディクション株式会社

発行者　梅中伸介
発行所　マルコ社（MARCO BOOKS PTE.LTD.）
〒151-0051　東京都渋谷区千駄ヶ谷1-19-12-303
電話：03-5309-2691
FAX：03-5309-2692
e-mail：info@marcosha.co.jp
公式facebook：https://wwwfacebook.com/marcosha2010
ウェブサイト：http://marcosha.co.jp/

発売　サンクチュアリ出版
〒113-0023　東京都文京区向丘2-14-9

印刷・製本　株式会社シナノ パブリッシング プレス

ISBN：978-4-86113-685-6